NAPOLÉON.

OU

TROIS ÉPOQUES DE LA FRANCE,

Poème en trois Chants,

AVEC

UN ÉPILOGUE,

Par C.-S. THÉVENEAU,

PRÉCÉDÉ

D'UNE NOTICE BIOGRAPHIQUE ET D'UNE INTRODUCTION

Par L. DE BÉTHUNE.

PARIS,

Vᶜ THÉVENEAU, ÉDITEUR,

Rue du Gros-Chenet, nᵒ 3;

L. DE BÉTHUNE, RUE DU FAUBOURG-POISSONNIÈRE, Nᵒ 52;

VIMONT, LIBRAIRE, GALERIE VÉRO-DODAT.

1831.

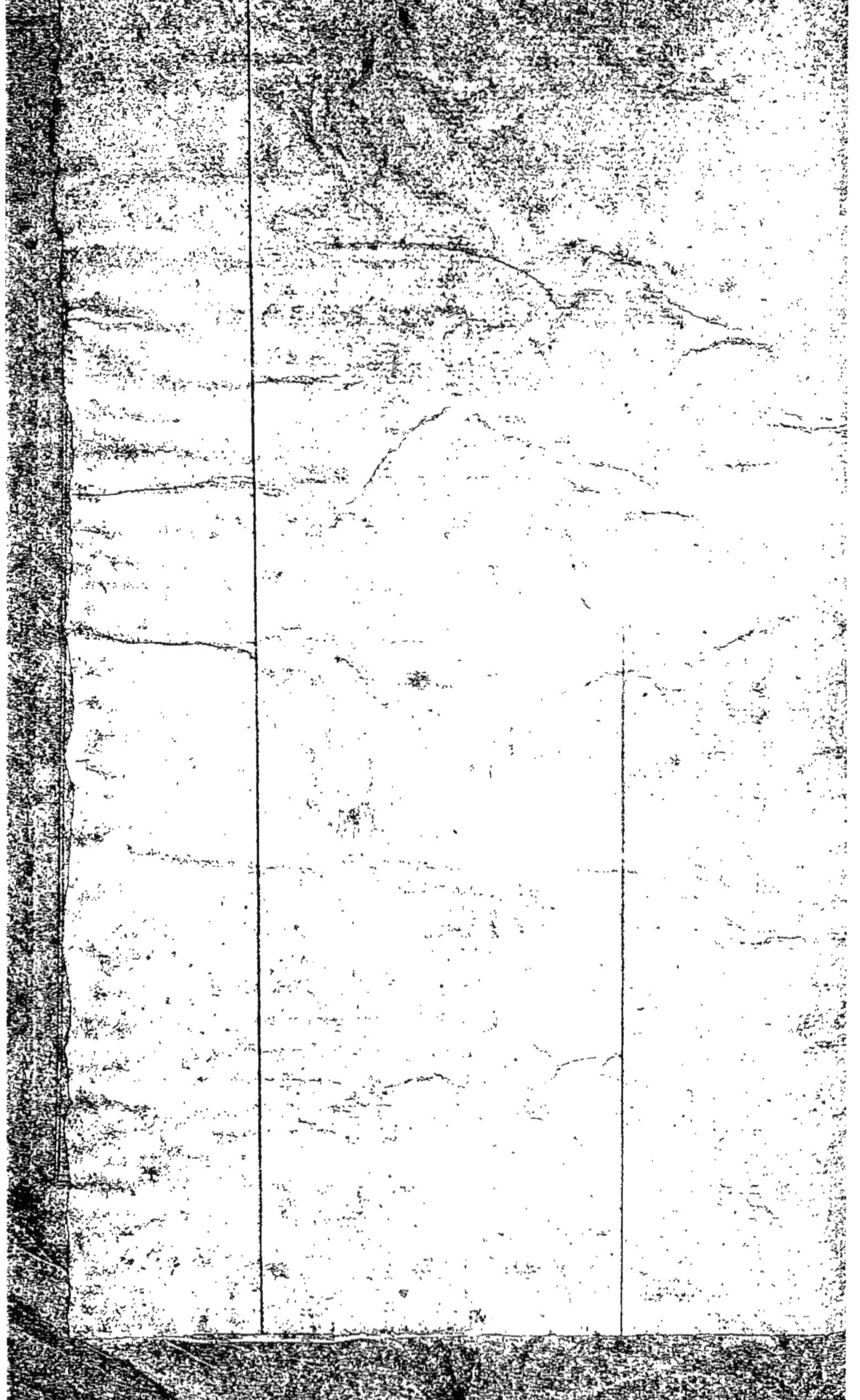

NAPOLÉON,

OU

TROIS ÉPOQUES DE LA FRANCE,

Poème en trois Chants,

AVEC

UN ÉPILOGUE,

Par C.-S. THÉVENEAU,

PRÉCÉDÉ

D'UNE NOTICE BIOGRAPHIQUE ET D'UNE INTRODUCTION

Par L. DE BÉTHUNE.

PARIS,

Vᶜ THÉVENEAU, ÉDITEUR,

Rue du Gros-Chenet, nᵒ 5;

L. DE BÉTHUNE, RUE DU FAUBOURG-POISSONNIÈRE, Nᵒ 52;

VIMONT, LIBRAIRE, GALERIE VÉRO-DODAT.

—

1851.

NAPOLÉON,

OU

TROIS ÉPOQUES DE LA FRANCE,

POÈME EN TROIS CHANTS.

Chaque exemplaire étant revêtu de ma signature, tout
contrefacteur sera poursuivi selon les lois.

AU GÉNÉRAL BERTRAND.

Général,

De toutes les illustrations qui se rattachent au nom immortel de Napoléon, il n'en est point d'aussi pure et de plus noble que la vôtre. Tous ces talens, tous ces guerriers, qui furent le cortége de sa puissance, semblent éclipsés dans l'immense éclat de son génie. Confondus dans un espace, dans un temps, qu'un seul homme emplit tout entier, beaucoup n'apparaîtront à la postérité que comme des satellites, des reflets plus ou moins vifs de cette gloire qui suffirait à un siècle.

Vous eûtes aussi votre part de cette brillante carrière, de ses exploits et de ses honneurs; mais l'histoire vous jugera surtout au rocher de Sainte-Hélène. Là, si Napoléon se montra plus grand que l'infortune et au-dessus de ses trônes passés, il ne fut pas plus sublime, plus noble, que le dévoûment de ses amis. Votre gloire n'est point effacée par la sienne; moins partagée, elle brille de tout son éclat; elle n'a rien à voiler : ni désastres, ni fautes; elle est pure de sang, elle ne fait verser que des larmes de sympathie. L'admiration est aussi grande pour l'ami reconnaissant, resté fidèle, que pour l'homme de génie plus grand que le malheur.

Qu'il me soit permis, Général, de placer sous la protection d'un homme si justement célèbre et respecté, l'ouvrage d'un poète qui sentit vivement et admira constamment vos vertus et votre courage.

Théveneau fut connu de l'empereur; au sein de la prospérité il lui offrit un encens et un langage sincères; il en fut accueilli, encouragé. Ses suffrages et ses dons le remplirent d'émulation et de reconnaissance. C'était à la fois, et pour justifier de plus en plus l'indulgence du grand homme et pour acquitter la dette de son cœur, qu'il chantait Napoléon d'une voix qu'il cherchait à rendre digne de l'histoire aussi bien que des muses. Les mêmes sentimens animent aujourd'hui sa veuve et les amis qui ont bien voulu donner leurs soins à la publication de cette œuvre posthume.

Sans doute au moment où la France a revu des jours meilleurs, la veuve de Théveneau aurait pu obtenir pour le poème de son mari un patronage plus puissant. Elle n'en eût pas trouvé de plus noble et dont elle s'enorgueillit davantage. Heureuse, si l'ami fidèle, qu'immortalisera le nom de Sainte-Hélène, veut accueillir l'hommage d'un chant consacré à la tombe de Napoléon !

Veuve Théveneau.

SUR L'AUTEUR.

Il est pour l'écrivain une tâche douce et facile, celle de rappeler la vie d'un homme de bien ; telle est aujourd'hui la mienne. Depuis neuf ans qu'il n'est plus, la mémoire de Théveneau a été unanimement jugée sous ce rapport : des regrets ont de toutes parts honoré sa tombe sans qu'une accusation s'y soit mêlée, les pleurs de ses amis et de sa famille ont attesté les qualités de son cœur.

C'est que, pauvre et vivant de sa plume, jamais il n'accepta l'idée d'une bassesse payée au poids de l'or ; écrivain consciencieux, il ne flatta personne ; sévère quelquefois envers les autres, caustique par la nature de son talent, il sut toujours s'observer lui-même et sacrifia au désir de faire du bien jusqu'à l'extrême indépendance de son caractère. « Il habite depuis long-temps la capi-
» tale, disait un biographe en 1822, sans emploi
» et ne s'occupant nullement d'en obtenir, don-
» nant tous ses loisirs à la littérature, et compo-
» sant avec une extrême facilité des ouvrages
» auxquels il ne manque souvent qu'un peu plus

» de soins et de travail. » A part le jugement littéraire, il est peu d'écrivains de notre époque dont on puisse faire un semblable éloge. Théveneau vécut dans la société des hommes les plus distingués de notre temps ; son talent, sa bonne volonté à rendre d'importans services lui ont fait de nombreux amis ; il en est peut-être qui devront à cette courte notice un agréable souvenir ; plus d'un nous enviera le plaisir et l'honneur d'avoir payé ce tribut à la mémoire d'un auteur au-dessus de sa réputation, et d'un honnête homme.

Charles Théveneau naquit à Paris le 6 juillet 1759, et fit ses études au collége Mazarin. A quinze ans, il enseignait les mathématiques dans la ville de Brest ; un pareil résultat nous dispense d'appuyer et sur son ardeur au travail et sur son intelligence précoce. Dès lors aussi, comme dans toute sa vie, la littérature et les sciences semblèrent absorber tout son temps, toute sa pensée. Poète et philosophe, il regardait passer sans espoir et sans crainte les agitations des hommes et les événemens. Pauvre et sans puissance, sans intrigue, qu'eût-il été au milieu du tourbillon ? Son œil observateur démêlait, sous de faux semblans de patriotisme et d'enthousiasme, de véritables pensées d'ambition et d'égoïsme ; la science de Lavater n'était rien auprès de la perspicacité avec laquelle il savait reconnaître tous les masques :

il les méprisait. Trop franc pour farder sa pensée, trop sage pour la proclamer d'une voix inutile, pour se faire des ennemis et se créer des dangers sans avoir servi même la cause de la vérité, il vécut loin de tels hommes, s'isola au milieu de ce monde d'intrigues, laissant s'échapper quelquefois un sarcasme incisif au milieu de ses graves et poétiques travaux.

Ainsi Théveneau vécut ignoré pendant la révolution; ce n'était ni la crainte ni le défaut de patriotisme qui l'éloignait des affaires publiques. Dans une société de quakers ou dans la république rêvée par Platon, Théveneau, quoique poëte, eût été un citoyen actif; ardent pour ce qu'il aurait cru le bien du pays, il eût énergiquement et à ses périls proclamé sa pensée; c'est qu'alors il eût été entouré de gens sincères, dévoués comme lui et sans intérêt personnel au même but, à la même cause. Ses contemporains, qu'il connaissait bien, l'avaient rendu misanthrope, et cette disposition s'était changée chez lui en une grande insouciance des événemens qu'il voyait soumis aux intrigues ou aux passions des hommes. Il renonça à la carrière des emplois et des affaires publiques, où son ame ardente et enthousiaste, son esprit clairvoyant, sa conception prompte et hardie auraient pu le conduire à une grande renommée et à une grande fortune.

Il resta poëte et chanta l'*Illusion*. Il n'abandonna jamais non plus l'étude des mathématiques. Cette science, qui avait été l'objet de ses premiers travaux, le fut aussi de ses premières publications.

Théveneau avait déjà inséré quelques morceaux de poésie fort bien accueillis dans plusieurs recueils et journaux lorsqu'il donna, en 1798, une édition des *Leçons élémentaires de Mathématiques par La Caille, augmentées par Maille*. Les notes dont il l'accompagna furent recherchées, presque toutes ont été reproduites par les commentateurs qui l'ont suivi et n'ont trouvé que ce moyen de le remplacer complètement. L'édition de Théveneau a ainsi fini par être oubliée; c'est le destin de tous les livres élémentaires toujours améliorés, et pour qui aucune amélioration antérieure ne doit être perdue.

En 1800, Théveneau encouragé par le succès de son premier travail publia un *Cours d'arithmétique à l'usage des écoles centrales et du commerce*. Il fut adopté et eut plusieurs éditions.

Avant de parler de quelques poésies qui me serviront de transition pour arriver au poème qui est publié aujourd'hui pour la première fois, voyons un instant Théveneau dans ses habitudes, dans sa vie privée; parlons de son originalité, de quelques bizarreries même, il est peu d'hommes ordinaires dont la vie en fournisse de pareilles.

Théveneau était enthousiaste de poésie, comme il l'était aussi de la probité et de la vertu. Ce n'était pas ce rimailleur qu'Horace nous montre attaché sans relâche et comme une sangsue à l'auditeur obligé de l'entendre ; mais il était loin aussi de ces froids écrivains chez qui l'insouciance trahit le défaut d'inspiration, et dont les chants, dans le cortége triomphal d'un héros, rappellent les crêpes et le deuil des pleureurs à gages. Une juste fierté suit toujours le vrai poète, il proclame ses ouvrages ainsi que l'homme de bien proclame ses actions. Théveneau, sans qu'on pût l'accuser d'orgueil et de présomption, aimait ses vers, il n'affectait pas de se rendre tout haut justice à lui-même en glissant son éloge, mais il aimait à jouir de l'effet de ses ouvrages; il réclamait le droit de les faire valoir ; il les récitait avec feu, avec bonheur ; c'était pour lui une jouissance, c'était un vrai plaisir pour ceux qui formaient son auditoire dans le jardin du Luxembourg ou au café Procope. Je ne serai pas démenti sur ce point par les nombreux témoins qui vivent encore et que le nom du poète engagera sans doute à parcourir le volume où ils retrouveront ses vers. Il est ainsi des génies ardens auxquels il faut un théâtre. Il y avait de ce sentiment dans l'ame de Voltaire, enthousiaste aussi lorsqu'il s'agissait de poésie. C'est lui-même qui parle lorsqu'il fait dire à Cicéron dans *Rome sauvée :*

Romains, j'aime la gloire et ne veux m'en défendre.

Ce n'était pas seulement dans ces lectures insolites, dans ces récitations publiques et inspirées que se retrouvait la noble fierté du poète : elle était aussi dans la sincérité de ses écrits, dans l'indépendance absolue de son caractère. Théveneau s'était fait connaître de Napoléon par ses ouvrages. Au moment d'un triomphe ou d'une fête publique, il adressa à l'empereur le distique suivant :

Qui prêtera jamais pour tracer ton histoire
Une plume à Clio? L'aile de la victoire!

Content des vers et du poète, le monarque répondit par l'envoi de cent louis qui furent portés à Théveneau par un chambellan : « Cent louis! » s'écria-t-il, allez dire à votre maître que s'il juge » mes vers à la quantité, c'est beaucoup trop; s'il » estime la qualité, ce n'est pas assez. » Napoléon doubla la somme ; si peu de beaux esprits lui parlaient avec tant de franchise!

Après la réponse faite à Napoléon, on ne s'étonnera que peu de l'anecdote suivante. Théveneau avait à se plaindre du grand-maître de l'Université, le poète Fontanes. Il va le trouver,

commence la conversation, et l'écrivain grand
seigneur répond par quelques observations peu
satisfaisantes et auxquelles se glisse une faute de
français. « C'en est trop ! s'écrie Théveneau l'in-
» terrompant, j'étais venu parler au grand-maître
» de l'Université, et non à un homme qui oublie ou
» méconnaît la grammaire. » Et il quitta brusque-
ment les salons dorés de son confrère.

Le chevalier Dupuy-des-Islets, ancien mous-
quetaire, ancien émigré, poète vénal, était re-
nommé comme l'un des duellistes les plus adroits
de France. Théveneau eut une querelle avec lui,
et ses amis lui représentèrent qu'il y avait folie
plutôt que courage à se mesurer avec un spadassin
sûr de son coup. Lui repoussait leurs craintes et
leurs inquiétudes. « Vous n'y pensez pas, leur ré-
» pondait-il, quand la nature a tant fait de mettre
» sur terre un homme tel que moi, elle y regarde
» à deux fois avant de s'en défaire. » La querelle
n'eut pour résultat qu'une blessure dangereuse
mais non mortelle, et le sort parut vouloir justifier cette spirituelle bravade.

Je pourrais citer une preuve de courage plus
extraordinaire encore. Théveneau, chez un trai-
teur, est insulté du géste par un étranger ; furieux,
il se lève, l'autre plus près de la porte descend
précipitamment les escaliers ; on était au premier ;
la fenêtre est ouverte, pour rattraper son homme

et le devancer dans la rue; Théveneau s'élance. Le ciel cette fois protégea moins notre poète, qui en fut quitte cependant pour une jambe cassée.

On retrouve dans le talent de Théveneau quelque chose du mathématicien et aussi quelque chose de l'homme ardent et bizarre que j'ai essayé de peindre. La nature lui avait donné à un degré éminent les qualités du poète, mais elle semble s'être trompée en le plaçant sur le sol de la France. C'était un poète penseur, sa pensée était son génie, l'occupait tout entier; il la concevait, ardente, indépendante, si je puis m'exprimer ainsi, et il se soumettait difficilement aux gênes répétées de la rime et de l'hémistiche. On sent que le travail l'impatientait, qu'il lui répugnait de plier son esprit à chercher des mots, des périphrases, minuties si importantes dans notre versification, et qui, négligées, déparent les plus beaux vers, nuisent à l'effet des plus sublimes idées. Théveneau avait en compensation une chaleur de conception qui passait dans ces phrases, et ne laissait point s'affaiblir l'effet d'une idée grande et bien rendue. Le seul reproche qu'on puisse lui adresser avec justice, c'est de ne s'être adonné spécialement à aucun genre; poète lyrique, il eût rivalisé avec Pindare et Lebrun; satirique, il eût donné à la France son Juvénal.

Comme poète, il prit part aux événemens publics et à nos triomphes. En 1801 il célébrait la paix d'Amiens dans une ode dont quelques strophes justifieront mes éloges.

. . . .

Que les temps sont changés! Cet airain sanguinaire
Qui foudroyait jadis, fier rival du tonnerre,
    Des bataillons épais,
Se dépouille du fer qu'enfermaient ses entrailles,
Et, transfuge des camps, se plaît dans nos murail
    En saluant la paix.

. . . .

Le jour fuit : de Vesta la robe étincelante
A remplacé partout de Bellone sanglante
    Le lugubre flambeau.
Le temple de la paix, majestueux, s'élève
Sur les lieux où la mort a creusé de son glaive
    Un immense tombeau.

En écharpe de feu la nymphe de la Seine
Sur ses flots étoilés déploie une autre scène
    A nos yeux éblouis ;
Triomphante, elle croit, dans ses grottes profondes,
Que cette nuit Phébus a préféré ses ondes
    Au palais de Thétis.

Parmi les poésies lyriques de Théveneau se trouve un dithyrambe d'*Hercule au mont OEta*, publié en 1812 par un journal sous le nom de Malfilâtre, et qui fut dès lors justement réclamé

en faveur de notre poète. Aucun des ouvages de
Théveneau ne se recommande par cette perfection
qui ne saurait être que le fruit d'un long travail et
d'une patience opiniâtre, mais tous étincellent
de beautés ; il y a vraiment du génie antique dans
ces plaintes d'Alcide :

Oui, triomphe (a-t-il dit), déesse impitoyable ! (Junon)
Repais de mes tourmens ta haine insatiable !
Tu l'emportes ! mais non, ces tourmens plus qu'humains,
Du moins ils ne sont pas l'ouvrage de tes mains :
Tu ne m'as pas donné ce tourment qui me dompte ;
Et, s'il fait mon supplice, il fait aussi ta honte.
Une faible mortelle a pu, dans un moment,
Ce qu'essayait en vain ton long ressentiment !

O ciel ! quel horrible incendie
Dévore mon sein palpitant !
Je sens dans sa plaie agrandie
La douleur croître à chaque instant.
Le Phlégéton roule en mes veines ;
Mille vautours rongent mon cœur.
O mort ! viens abréger mes peines !
O mort ! viens frapper ton vainqueur !

Mais la mort, mais Junon sourit à mon supplice :
Eh bien ! de leurs fureurs si tu n'es pas complice,
Jupiter, arme-toi, j'implore ton secours :
Arme-toi, de mes maux termine enfin le cours !
De tes dons paternels je ne veux que ta foudre ;
Et je bénis ton bras, s'il me réduit en poudre !

Tonne, frappe, et finis ces retards inhumains !
Frappe donc ! Quoi ! ta foudre est oisive en tes mains !
Non, tu n'es pas un dieu ; non, tu n'es point mon père !

. . . .

Plus loin :

Pour éloigner la flamme en ses veines cachée,
    Alcide lutte en vain ;
La tunique, ô douleur ! ne peut être arrachée
    Sans déchirer son sein :
C'est une chair nouvelle à sa chair attachée,
    Qui résiste à sa main.

Jamais le gracieux auteur de *Narcisse* n'atteignit cette vigueur de pensée et d'expression. Après des preuves d'un talent aussi distingué, je crois que le lecteur regrettera comme moi que Théveneau ne nous ait pas donné un recueil d'odes. Voyons-le dans ce genre familier, philosophique, dont Horace, Juvénal, Boileau et Gilbert sont des modèles.

J'admire surtout, dans les œuvres de Théveneau, ce petit poème de *l'Illusion*, où il dévoile son propre caractère, la pensée qui domina toute sa vie ; il fait à ce titre partie de sa notice. Ainsi l'on me permettra de le transcrire presque en entier.

Non, m'as-tu dit souvent, pensif et solitaire,
Non, jamais le bonheur n'habita sur la terre.

J'étais riche, puissant, bon père, bon époux!
Mon or fit des ingrats, mon crédit des jaloux,
Ma bonté des méchans, ma flamme une infidèle.
Des malheureux enfin tu me vois le modèle;
Tant d'affreux souvenirs renouvellent mes pleurs.

Mets un terme, Damis, à tes longues douleurs!
Par des pleurs fléchit-on l'aveugle destinée?
Connais mieux l'art de fuir sa poursuite obstinée.
J'ai langui dans les fers; j'ai vu de près la mort;
Mais, loin de succomber sous l'horreur de mon sort,
Loin d'exhaler ma bile en des plaintes amères,
J'ai cherché le bonheur au pays des chimères.
Suis mon exemple, ami; pourquoi ces vains sanglots,
Quand tu peux à l'instant, sans chercher sur les flots,
Ou les perles de l'Inde, ou l'or de l'Amérique,
Changer tes maux réels contre un bien chimérique?
L'Illusion nous reste, elle nous tend les bras;
Vers son palais tous deux précipitons nos pas.
Je le sais comme toi, déité mensongère,
Elle n'offre à nos yeux qu'une erreur passagère;
Mais n'est-il pas bien doux de pouvoir au malheur
Dérober des momens promis à la douleur?
Qui t'arrête? oses-tu me taxer d'imposture?
Eh bien! de ce séjour contemple la peinture!
Et, ce tableau soudain enflammant tes esprits,
Tu voleras aux lieux qu'insultait ton mépris.

En des climats sans nom, sur des mers inconnues,
Plane un vaste palais, balancé dans les nues:
L'Illusion y règne, et voit tous les mortels
D'un immortel encens parfumer ses autels.
Les flatteuses erreurs, les séduisans mensonges,
Bercés légèrement sur les ailes des songes,

D'un vol officieux, et la nuit et le jour,
Transportent les humains dans ce riant séjour.

. . . .

. . . .

Bientôt l'Illusion, par un nouveau délire,
De ses charmes encor veut augmenter l'empire.
Elle ordonne, et soudain son magique pouvoir,
Offre aux yeux éblouis un immense miroir;
Le spectateur s'y cherche; et, ravi d'y paraître,
Se voit, non tel qu'il est, mais tel qu'il désire être.
 Oserai-je, Damis, te peindre dans mes vers
De ce rare miroir les prestiges divers?
Te dirai-je comment sa glace favorable
Trompait des malheureux le destin déplorable,
Pour chacun d'eux créait un spectacle nouveau,
Et d'un bonheur factice enchantait leur cerveau.
 Ici, c'est un joueur qu'un subtil adversaire
Plongea de l'opulence au sein de la misère.
Que faire, sans amis, sans parens, sans secours?
Le miroir de ses maux va suspendre le cours:
Il voit un tapis vert, soudain il vole, il joue,
Du char de la fortune il croit fixer la roue,
Changer un vil métal contre des monceaux d'or,
Et sortir possesseur d'un immense trésor.
 Là, c'est d'un lâche époux l'épouse abandonnée
Aux ennuis du veuvage, aux larmes condamnée,
Qui, tandis que l'ingrat, dédaignant ses soupirs,
Goûte ailleurs, sans remords, de parjures plaisirs,
Croit encore le voir, croit encore l'entendre,
Tel qu'en ce jour heureux où, d'une voix si tendre,
A ses genoux, témoins d'un serment solennel,
Le perfide! il jurait un amour éternel!

. . . .

. . . .

D'un côté j'apperçois un bâtard d'Apollon,
Qui, las de se traîner dans le sacré vallon,
Osa gravir le Pinde et poussa la folie
Jusqu'à déshonorer Melpomène et Thalie.
Par ses drames nouveaux il croit de tout Paris,
Excitant tour à tour et les pleurs et les ris,
Doublement illustrer sa naissante carrière;
Et détrônant bientôt et Corneille et Molière,
La palme en main, le front de lauriers couronné,
S'asseoir en souverain sur le Pinde étonné.
    D'un autre, la coquette à mes yeux se présente;
En vain d'un air riant, d'une voix caressante,
Elle veut rappeler les volages amours,
Que dix lustres complets ont chassés pour toujours.
Le miroir pouvait seul opérer ce prodige :
Il l'opère; elle a vu, jouet d'un doux prestige,
Ses attraits surannés, de trente ans rajeunir,
Des flots d'adorateurs à ses pieds revenir :
Et la foule des yeux, sous ses lois asservie,
Se disputer encor tous les jours de sa vie.

. . . .

Tu le vois, cher Damis, de tant de malheureux,
Qu'aux pleurs a condamnés un destin rigoureux,
Les uns de leurs beaux jours égayant leur pensée,
Ressaisissant enfin leur fortune passée,
Jouissent d'un bonheur né de leur souvenir;
Les autres, s'élançant au sein de l'avenir,
Hâtent du temps tardif la lenteur importune,
Et savourent déjà leur précoce fortune,
Et de l'Illusion admirent le pouvoir!

Quand au miroir magique on cessait de se voir,
Des cerveaux ébranlés les fibres élastiques
Y répétaient encor ces scènes fantastiques.
Tel, quand l'airain sonore, au silence rendu,
Dans l'air qu'il a frappé repose suspendu,
Le fidèle élément, d'une aile fugitive,
Transmet ses derniers sons à l'oreille attentive.

De leur bonheur, hélas! un seul pas fut l'écueil.
A peine du palais ont-ils franchi le seuil
Qu'aussitôt devant eux la vérité présente,
De son fatal miroir, la glace menaçante.
Ils ont cru voir encor ce miroir imposteur,
Qui vient de leur offrir un spectacle enchanteur;
Ils ont levé les yeux, ont regardé la glace;
Le bonheur et les ris s'envolent; à leur place,
Le malheur odieux et les pâles douleurs
Reparaissent, suivis des regrets et des pleurs:
Enfin, la vérité, reprenant son empire,
Dans leur cœur, à sa voix, l'Illusion expire.

Le joueur, regrettant son trésor mensonger,
Souffre des maux réels qu'il,ne peut soulager;
Loin d'un époux ingrat, trop sûre de sa perte,
L'épouse veille en pleurs sur sa couche déserte;
Le tyran détrôné retombe dans les fers,
Et son trépas console et venge l'univers.
De l'implacable mort, à sa proie acharnée,
Le mourant sur sur son lit voit la faulx ramenée;
Le poète confus, voit deux fois tout Paris
De sifflets redoublés accueillir ses écrits;
La coquette voit fuir tous ses amans perfides,
Et tous ses cinquante ans revoler dans ses rides;
Pour moi, du tyran seul, bénissant le trépas,

L'œil attaché sur lui, je ne me voyais pas.
Tous, pleurant à la fois leurs espérances vaines,
Ont frissonné; leur sang s'est glacé dans leurs veines ;
Leurs yeux mornes, leurs fronts, siéges de la pâleur,
Peignent le désespoir, la rage et la douleur ;
Mais soudain, repoussant la glace trop fidèle,
D'un pas précipité tous s'échappent loin d'elle.
Bientôt, du seuil fatal remontant les degrés,
Au fond du sanctuaire en foule ils sont rentrés;
Et, revoyant enfin l'aimable enchanteresse,
Ils goûtent, replongés dans une douce ivresse,
De nouvelles erreurs et de nouveaux plaisirs.
Sans doute un pareil sort enflamme tes désirs.
Eh bien! pars, vole, ami, guidé par l'espérance,
Au sein de la déesse oublier ta souffrance!
Mais quand tu jouiras de ses dons précieux,
Que tes yeux soient toujours attachés sur ses yeux!
Crains, surtout, crains, Damis, instruit par notre exemple,
De déserter jamais l'enceinte de son temple!

J'arrive aux deux grands ouvrages qui feront
vivre la mémoire de Théveneau, qui du moins
l'auraient pu s'il lui eût été donné d'y mettre lui-
même la dernière main. Je veux parler du poème
de *Charlemagne* et de celui de *Napoléon*. J'ai
cru devoir les analyser dans quelques pages déta-
chées de cette notice ; que je terminerai par des
détails purement biographiques sur le second.

Le poème de Napoléon fut composé en 1810
et 1811, lorsque la puissance était jointe au gé-

nie, l'éclat à la gloire , lorsque la France promet-
tait un long avenir à sa dynastie nouvelle, lorsque le nouveau Charlemagne semblait avoir assuré à sa lignée le trône élevé par son génie.
C'était là *le présent* quand Théveneau écrivit son
poème. Qui ne voyait alors *l'avenir* tel que l'a dé-
peint sa muse prophétique. L'événement a trompé
les prédictions ; mais qui eût alors osé n'y pas
croire?

Le poème était achevé, il allait être livré au
public, quand le héros tomba du trône impérial
de France, quand Napoléon II tomba au rôle d'un
archiduc d'Autriche. On conçoit facilement les
retards apportés à cette publication ; Théveneau
n'y voulut jamais rien changer. Il se contenta d'y
ajouter un triste épilogue; grande élégie sur un
malheur pour lequel Jérémie n'eût point trouvé
assez de larmes.

Dans cet état, le poème de *Napoléon* n'eût encore été que difficilement publié sous la dynastie
des pygmées habitués à fuir au nom du grand
homme. Un Anglais offrit alors à l'auteur une
très forte somme de son manuscrit ; il ne voulut
point être imprimé à Londres. Il espérait un jour
pouvoir l'être en France. Ce jour-là il ne l'a
pas vu.

Théveneau est mort le 6 juillet 1821. Il avait

toujours vécu de sa plume, il ne laissa pas une seule dette.

Je terminerai sa vie par une anecdote : Une dame lui demandait des vers : « Si j'en fesais ainsi, reprit-il, ce serait pour ma femme. » Jamais en effet épouse ne fut plus aimée ; bisarrerie, indépendance, travers de caractère, tout disparaissait pour lui lorsqu'il s'agissait de rendre bonheur pour bonheur à celle dont la tendre affection calmait et embellissait sa vie.

Elle est veuve, puisse cet hommage, et surtout puissent les suffrages du public être un adoucissement à ses regrets.

INTRODUCTION.

Le poème de *Charlemagne* est trop incomplet
pour que nous puissions l'examiner ou le juger
d'une manière exacte, celui de *Napoléon* est sous
les yeux du lecteur, qui peut-être l'a préféré déjà
à tous ces prolégomènes, il n'y a donc ici lieu
qu'à de courtes observations.

Notre siècle cherche en vain une épopée qui
convienne à sa littérature, à ses mœurs. D'innombrables essais ont été faits par des hommes
de génie, par des poètes recommandables ; je puis
dire avec vérité que pas un n'a satisfait complet-
tement au goût général des lecteurs. Vous m'en
citerez qui sont irréprochables aux yeux des cri-
tiques héritiers bâtards d'Aristote ; à cela je n'ai
qu'une réponse : vos poèmes n'ont pas été lus, ils
sont ennuyeux, et c'est là, vous le savez, le seul
genre qui ne soit jamais bon. Ceux dont je viens
de parler ont suivi le plus souvent avec un respect
servile, et les préceptes de l'ancienne poésie, et
l'exemple donné par les anciens poètes ; ils ont
copié le plan, l'action, les caractères, les princi-
paux incidens, jusqu'au langage. Des hommes

d'un talent véritable se sont rangés ainsi dans le *servum pecus*, et ils ont fait dire que la littérature française ne comportait point le genre du poème épique, que nous n'aurions jamais notre *Iliade*, notre *Jérusalem délivrée*.

Un homme de génie s'est rencontré, il ne nous a pas offert une bonne épopée; je ne donnerai ce nom ni aux *Natchez* ni même aux *Martyrs*, et cependant il y a dans ces deux ouvrages tout ce qu'il faut pour repousser cet anathème lancé contre notre siècle et notre nation. M. de Châteaubriant a trop étudié; il admire trop l'antiquité grecque pour ne s'être pas laissé aller encore à une imitation trop marquée de ses formes et de ses usages. Jaloux de donner un démenti au jugement de Boileau, qui interdit aux mystères chrétiens les fictions poétiques, il s'est livré à son imagination si riche, il l'a appliquée à une religion qu'il aime, admire et comprend comme personne. Il a voulu que sous le rapport poétique elle l'emportât sur les cultes païens aussi bien que par sa morale et ses dogmes. Cette idée, complètement fausse, mesquine, indigne du christianisme, gâte une grande partie du poème des *Martyrs*; mais aussi que de chants admirables, lorsque l'auteur peint et les mœurs de l'antique Germanie, et la décadence de Rome, et les vertus chrétiennes, luttant contre un siècle barbare, préservant la société, ramenant la civilisation au moment où les vices et la corruption d'une époque épuisée, d'une religion méprisée, menaçaient de les détruire et de les engloutir.

M. de Châteaubriand a compris que la poésie épique était dans les couleurs locales et historiques, qu'il lui fallait sous ce rapport de nombreux et larges contrastes. Il a senti par l'exemple de l'*Iliade*, de la *Jérusalem* et même de l'*Énéide*, si mal comprises sous ce rapport, que l'épopée ne pouvait être que l'immense tableau d'une de ces époques rares dans l'histoire du monde où les nations se mêlent, où les révolutions se préparent et souvent s'accomplissent. Croit-on qu'il s'est agi seulement, pour Homère et le Tasse, d'une ville à prendre après dix ans de siéges ou d'un tombeau à reconquérir? Ce qui nous intéresse dans le premier, c'est le tableau si vrai, si animé de la Grèce naissante, de ses peuples unis pour la première fois; c'est le contraste si juste, si frappant des mœurs grossières et barbares de la Grèce avec le luxe et la civilisation plus avancée de l'Asie; c'est cette réunion de peuples divers si bien peints des couleurs qui leur conviennent. Cet intérêt ne se retrouve-t-il pas dans l'*Odyssée*, où il n'y a point d'action, et où cet intérêt suffit?

Ce qui nous attache dans le second, c'est que

nous n'y voyons pas seulement l'expédition de Godefroy, mais l'image vraie de ces migrations d'Européens allant ranimer en Asie les arts de la guerre et y chercher les arts de la paix ; c'est cette réunion de peuples si divers de part et d'autre , ces contrastes de mœurs, de langage. On aime jusqu'aux enchantemens d'Ismen, parce qu'ils sont dans les croyances de l'époque ; on regrette l'intervention des anges et des démons, parce qu'on sent que le poète les a trouvés dans son esprit et non dans son sujet , qu'ils déparent.

Voilà je crois comment M. de Châtaubriant a compris Homère et le Tasse : je n'en veux pour preuve que les deux époques qu'il a choisies lui-même pour y placer ses poèmes, et celle qu'il recommande quelque part, je crois, à ses rivaux : *la Découverte de l'Amérique*. M. de Châteaubriant est malheureusement le seul de nos écrivains qui ait paru les juger et apprécier de la sorte.

Voyons comment Théveneau annonçait son poème de *Charlemagne*.

Mon héros, des Français l'idole et l'espérance,
Fit ployer l'Occident sous le joug de la France, ·
Et, roi législateur, vertueux conquérant,
Aux peuples qu'il dompta dut le surnom de Grand.
   En vain, pour arrêter sa course triomphante,
Les guerriers que le Nord, ceux que le Sud enfante,

De l'Orient armé provoquant les vaisseaux,
Soulèvent contre Charle et la terre et les eaux;
En vain, pour assouvir leur haine vengeresse,
Employant tour à tour ou la force ou l'adresse,
Des ennemis puissans, dans sa cour, aux combats,
De piéges, de dangers environnent ses pas;
Il triomphe de tout, et, vainqueur de Byzance,
Il revêt des Césars la pourpre et la puissance.
  Toi, qui peins les héros, et les mœurs, et les temps,
Histoire, ouvre à ma voix tes fastes éclatans!
De dix siècles unis franchissons l'intervalle;
Et surtout que jamais la fable, ta rivale,
Ne mêle à tes discours ses récits mensongers!
Que jamais, t'étouffant sous des faits étrangers,
La magie, art fécond en stériles merveilles,
N'ose usurper tes droits et profaner mes veilles!
Mais si, m'abandonnant dans un essor si beau,
Quelquefois à mes yeux s'éclipse ton flambeau,
Souffre alors que, sans lui, poursuivant ma carrière,
De phares moins brillans j'emprunte la lumière:
Sinon j'imiterais le stupide nocher
Qui, dès que le soleil atteindrait son coucher,
N'osant lire sa route au séjour des étoiles,
A des vents protecteurs refuserait ses voiles.

Ces vers, les derniers surtout, n'ont pas besoin d'éloges; n'y voyons que le sujet et le plan du poème.

N'est-il pas évident que, se mettant au-dessus des serviles imitateurs, ou les copistes des épopées anciennes, Théveneau avait compris, les devoirs, les beautés, l'objet, les qualités nécessaires de ce genre de poésie. N'est-ce pas en effet une époque admirable que le règne de ce Charlemagne, rétablissant enfin une sorte d'unité et des liens sociaux entre des peuplades jusque-là divisées. Il lutte à la fois contre le Saxon indompté, et là il se trouve en regard avec un de ces héros sauvages qui avaient fait du féroce Arminius un dieu et un modèle. A une autre extrémité de son empire, Charles arrête les conquêtes des Maures, et ici le poète retrouve en contraste avec la cour des paladins, les mœurs si poétiques des Arabes. Du fond de son palais, où la reine calculait elle-même sa défense, le héros des Francs traite avec l'héritier du trône chancelant de Constantin; il y reçoit ses ambassadeurs, ses présens; son bras arrête les invasions des barbares qui déjà par trois fois ont ravagé l'Italie, et la reconnaissance place sur sa tête une couronne impériale. Vingt peuples sont ligués contre lui, vingt peuples combattent sous ses ordres; ce n'est pas tout, il est législateur, il rétablit l'exercice de la justice, cherche à rappeler les mœurs et la religion dans son empire. Quel tableau plus vaste, plus varié? N'est-il pas de ceux que l'histoire ne peut embrasser entièrement, dont les couleurs brillantes et si diverses échappent à ses pinceaux sévères et qui sont essentiellement du domaine de la poésie épique?

Le passage que j'ai cité prouve que rien n'est sans fondement dans cet éloge ; c'est Théveneau lui-même qui nous fait connaître toutes les ressources de son sujet ; il les avait comprises ; il nous dit sur quel ton, de quelle manière elles doivent être employées et développées. Ne devons-nous pas regarder comme un véritable malheur qu'il n'ait point achevé cette tâche qui semble facile pour celui qui l'avait si bien appréciée, comme une perte véritable qu'il n'ait point élevé à notre gloire littéraire l'édifice dont il avait si heureusement jeté les bases.

Le plan complet du poème de *Charlemagne* existe et a même été imprimé. Mais chacun sait combien les auteurs sont souvent infidèles à ces premières combinaisons, et Théveneau s'en fût peut-être plus écarté que tout autre. Je ne veux plus que citer un morceau dont l'exécution vienne à l'appui de ces prévisions si favorables.

. . . .

. . . .

Cependant Giafar d'un front respectueux
S'avance : mais du roi l'aspect majestueux
L'étonne, l'intimide, et sa langue glacée
Se refuse à ses vœux et trahit sa pensée.
Il surmonte pourtant son trouble et son effroi ;
Et, rompant le silence, il s'écrie : « O grand roi,
» Dont les exploits sans fin, les vertus sans pareilles,
» Vers le Tigre et l'Euphrate ont frappé nos oreilles ;

» Vous voyez devant vous le visir des Persans,
» Qui d'Haroun à vos pieds vient porter les présens,
» Volontaire tribut de l'amitié fidèle
» D'un prince qui dans vous chérissant le modèle,
» Me dit à mon départ : Que ton sort est heureux !
» Tu vas voir ce héros, quand le ciel rigoureux,
» M'enchaînant sur mon trône aux soins de mon empire,
» Interdit à mes vœux ce bonheur où j'aspire.
» Si dumoins je pouvais, par un nouveau traité,
» Rompre le pacte ancien qui me tient arrêté,
» Bientôt de l'Orient le colosse fragile,
» Dont le front est d'airain, dont les pieds sont d'argile,
» Tomberait; et bientôt nous verrions l'univers,
» Ou ramper sous nos lois ou gémir dans nos fers.
» Mais si d'un traité saint l'indissoluble chaîne,
» Contre Irène en mon cœur doit captiver ma haine,
» Je prétends de ce cœur, maître encore à moitié,
» A Charle avec mes dons offrir mon amitié.
» Trop heureux si des soins que je mets à lui plaire,
» La sienne devenait le glorieux salaire !
» Gardez-vous d'en douter, respectable visir !
» Et dites-lui surtout que mon plus grand désir
» Fut toujours l'amitié d'un héros dont la vie
» Lassa la renommée et fit taire l'envie. »
    Il dit : et Giafar aux Persans attentifs
Fait un signe; et soudain à pas lourds et tardifs,
Dans leurs rangs entr'ouverts un colosse difforme,
S'avance et montre aux yeux un éléphant énorme.
La terre au loin gémit sous le poids de son corps,
L'écho répète au loin ses cris sourds et discords;
Sa trompe, ou se recourbe en spirale arrondie,
Ou menaçant les airs se relève aggrandie.
Ce monstre, jusqu'alors aux Français inconnu,

A cent pas du héros à peine est parvenu,
Que son aspect hideux, sa bizarre structure,
Et sa trompe mobile, et sa haute stature,
Frappent les courtisans et d'horreur et d'effroi;
Tout recule ou s'éloigne, ou s'enfuit; mais le roi
Attend sans s'émouvoir l'éléphant qu'il caresse.
Bientôt, fier d'en montrer la vigueur et l'adresse,
Son guide accoutumé vers un arbre voisin
S'élance, et le saisit. Pénétrant son dessein,
Le monstre intelligent le rejoint, le remplace,
Et l'arbre, que sa trompe en longs replis enlace,
S'ébranle, et sous les yeux du monarque étonné
Sur la terre à grand bruit roule déraciné.
Alors toute la cour, qu'il glace d'épouvante,
Se rassure et l'admire, et le flatte et le vante,
Et sans cesse applaudit à tous ses jeux nouveaux.
Pour couronner enfin et payer ses travaux
Son maître, se servant d'un dernier artifice,
Lui présente un flacon, plein jusqu'à l'orifice,
D'un vin, dont la couleur a réjoui ses yeux;
Mais un liége importun le refuse à ses vœux :
Irrité de l'obstacle et devinant le piége,
Dans sa trompe, il enferme, il aspire le liége,
Qui vainement résiste à son souffle vainqueur,
Il part, et l'éléphant boit d'un trait la liqueur.
    Charle admirait encor sa force et son adresse,
Quand un présent nouveau le frappe et l'intéresse.
Il ne peut se lasser de toucher et de voir
Une horloge, que l'eau faisait seule mouvoir,
Et que vantait un temps stérile en découvertes.
Huit portes d'un palais, sur douze étaient ouvertes,
Quand d'un antre qui s'ouvre soudain on voit sortir,
Et neuf fois sur l'airain on entend retentir

Neuf boules, qui de l'heure interprètes pareilles
La font briller aux yeux et sonner aux oreilles.
 Un présent d'un travail jusqu'alors inouï,
Offre ensuite aux regards du monarque ébloui
Une corbeille où l'or, le rubis, l'émeraude,
Le saphir, la topaze, aidant tous à la fraude,
Trompent, en simulant et des fruits et des fleurs,
La main par leur figure, et l'œil par leurs couleurs.

. . . .

. . . .

J'arrive au poème de *Napoléon*, et je croirais manquer au lecteur en lui offrant un jugement fait à l'avance ; on ne trouvera ici que quelques réflexions générales sur le sujet et la manière dont l'auteur l'a envisagé.

Certes, il est peu d'époques historiques qui offrent un tableau aussi grand, aussi sublime que celui de notre conquérant, de notre héros ; mais est-ce d'un contemporain qu'il peut recevoir cette sanction poétique qu'Homère a donnée à la chute de Troie et aux exploits d'Achille ? Théveneau ne l'a pas pensé, et c'est, je pense, une preuve de jugement et de goût. Il a senti tout ce que l'histoire de notre révolution offrait de poétique, il s'est refusé à traiter un pareil sujet, non parce qu'il s'est défié de ses forces, mais parce qu'il s'est défié de ses lecteurs, et il a eu raison. Cependant il n'a pu y renoncer entièrement ; mais, au lieu d'y chercher une im-

mense et parfaite épopée, il n'a voulu y voir
qu'un tableau restreint, il n'en a présenté qu'un
aperçu rapide et poétique. Seulement il l'a traité
avec la même supériorité d'idées avec laquelle
il avait conçu le poème de *Charlemagne*. Ce
n'est ni un fait ni un héros qu'il présente, c'est
une époque tout entière qu'il dessine à grands
traits.

Son ouvrage offre trois divisions : le passé
présente les excès, les crimes d'une révolution
d'abord sublime. C'est la société soumise à une
de ces épreuves qu'heureusement chaque siècle
n'amène pas.

Le présent, c'est le règne de Napoléon, c'est
la renaissance de l'ordre, des lois, des arts.
La guerre et la paix se partagent cette partie du
poème. Sans se perdre dans des récits de batailles ou dans des détails trop minutieux, l'auteur parcourt et fait ressortir dignement tous les
actes du nouveau Charlemagne.

A l'époque où l'ouvrage fut écrit, l'avenir était
heureux et brillant pour la dynastie de Napoléon.
Si le héros eût accompli tous les vœux du poète,
peut-être la fortune et la France auraient-elles
fait le reste. La chute de Napoléon fut sans doute
une vengeance de la liberté dédaignée et oppri-
mée.

Mais pourquoi l'auteur, qui s'était interdit l'emploi de la fable dans son poème de *Charlemagne*, a-t-il cru pouvoir la mêler aux exploits de Napoléon ? Je répondrais volontiers à cette question par une autre. Cet emploi de la fable vous choque-t-il ? nuit-il à l'effet du poème ? diminue-t-il l'intérêt ? Pour ma part, j'ai répondu non, et s'il en est de même pour le lecteur, je n'ai rien à ajouter de plus.

Non, l'image de la mort et de la victoire, triomphantes toutes deux sur le champ glorieux et sanglant d'Austerlitz, ne m'a pas choqué plus que les quatre figures allégoriques développant l'immortel tableau de Gérard.

Le poème de *Napoléon* est-il une épopée ? Non, sans doute. L'auteur s'interdisait le développement des grandes actions de son héros, il évitait de se trouver en concurrence avec le *Moniteur* et les *Bulletins ;* il fallait bien cependant qu'il inventât quelque chose, il ne fallait pas qu'il s'imposât une sécheresse continue ; c'est ce qu'il n'a pas voulu faire, et je l'en remercie. Son ouvrage, que peut-être je défends mal, n'échappera pas sans doute au fouet de la critique ; Théveneau ne le craignait pas ; je ne chercherai point à l'en garantir à l'avance. Parmi ses jugemens divers et contradictoires, il s'en trouvera sans doute de justes, de spécieux. Je prends alors l'engagement, non pas de les réfuter, mais de les examiner en tête de la seconde édition.

NAPOLÉON,

ou

TROIS ÉPOQUES DE LA FRANCE.

POÈME EN TROIS CHANTS.

NAPOLÊON,

OU

TROIS ÉPOQUES DE LA FRANCE.

CHANT PREMIER.

Je chante ce guerrier qui finit de la France
Le honteux esclavage et la longue souffrance,
Et qui, de l'univers éclipsant tous les rois
Par son vaste génie et ses brillans exploits,
Sut recouvrer, étendre, ennoblir l'héritage
D'un trône dont ces rois méditaient le partage.
  En vain, pour arrêter ses glorieux destins,
Sans relâche ourdissant des complots clandestins,
Se liguent la vengeance et la haine et l'envie;
En vain, par l'enfer même armés contre sa vie,
Le fer, l'onde et le feu le menacent : l'enfer
Voit échouer trois fois le feu, l'onde et le fer;
En vain à ce héros, dont l'éclat l'importune,
L'Anglais usurpateur du sceptre de Neptune

Oppose ses vaisseaux, son or et ses guerriers,
Avides de trésors bien plus que de lauriers ;
En vain vers la Neva le souverain du Slave,
Pour vaincre un peuple libre, armant un peuple esclave,
Unit ses étendards aux drapeaux du Germain :
Partout Napoléon triomphe ; d'une main
Il brise les poignards aiguisés par la haine ;
Et de l'autre, il attaque, il terrasse, il enchaîne
De là fière Albion les cruels léopards :
Devant lui du Germain s'écroulent les remparts,
Et du Russe effrayé les cohortes sauvages
Ont du Nord, en hurlant, regagné les rivages.

De tous ces demi-dieux par la fable inventés,
De tous ces conquérans que l'histoire a vantés,
En fut-il un jamais dont la vertu guerrière
De jours si glorieux ait semé la carrière ?
Non : Il est sans modèle ; il sera sans rivaux :
Pour un nouveau sujet créons des chants nouveaux.
Mais qui leur prêtera la force et l'harmonie ?

Protecteur du héros, ô bienfesant génie,
Qui, jetant sur la terre un regard paternel,
Par tes vœux et tes pleurs obtins de l'Éternel,
Pour bannir sans retour les discordes civiles
Qui brûlaient, déchiraient, ensanglantaient nos villes,
Le pouvoir de guider vers les murs de Paris
Napoléon vainqueur des enfans d'Osiris,
J'implore ton secours, remplis-moi de sa flamme !
Élève ma pensée au niveau de mon ame !
Et rends-moi digne enfin d'étaler dans mes vers
Ce héros tout entier aux yeux de l'univers.

Qu'ai-je dit? insensé! quelle aveugle manie!
Du grand Napoléon je peindrais le génie!
Quel pinceau du soleil peut rendre les rayons?
Usons donc aujourd'hui de modestes crayons,
En attendant qu'un jour l'aile de la victoire
Daigne offrir une plume à la main de l'histoire.

LE PASSÉ.

Ministre du passé, qui des peuples divers
Nous transmets les vertus, les crimes, les travers;
Interprète des lois, des mœurs et des usages,
Qu'attestent les savans, que consultent les sages;
Appui de l'innocent, qui, suspendant ses pleurs,
Joins de doux souvenirs à d'amères douleurs;
Fléau du criminel, qui corromps ses délices
Par les cris du remords et l'aspect des supplices,
Viens, et du dernier siècle à tes yeux expirant,
O mémoire, offre-moi le tableau déchirant!
Oui, redis-moi ces jours de discorde et d'alarmes,
Où le sang des Français coulait avec ses larmes,
Jusqu'au jour mémorable où, brûlant de venger
La honte de la France en proie à l'étranger,
Bonaparte, vainqueur, au port d'Alexandrie
S'embarque pour voler au sein de sa patrie.
Ce n'était plus alors ce novice guerrier
Dont le front ne montrait qu'un modeste laurier;
Mais c'était un héros, qui, dans moins de deux lustres,
Avait terni l'éclat des noms les plus illustres;

Et d'exploits en exploits, de succès en succès,
Au faîte de la gloire élevé les Français.
C'est ainsi que le Nil, timide dans sa source,
Bientôt s'enfle, s'étend, et, rapide en sa course,
Sur les champs désertés s'élance à gros bouillons
Et de l'Égypte entière enrichit les sillons.
    Cependant qu'ai-je dit? Je ferais la peinture
De ces temps abhorrés, l'effroi de la nature!
Et par l'affreux récit des plus affreux malheurs
J'arracherais encore des soupirs et des pleurs!...
Ah!... quand je veux tracer cette époque sanglante,
Mon rebelle pinceau fuit de ma main tremblante;
Mais pourtant qu'il est doux, après les tristes jours
Dont le ciel si long-temps a prolongé le cours,
Quand il sème de fleurs notre heureuse carrière,
De jeter quelquefois nos regards en arrière!
Du moins lorsque des pleurs couleront de nos yeux,
Tous nos cœurs béniront le héros glorieux
Qu'à nos vœux empressés rendit un Dieu propice,
Pour fermer sous nos pas le fatal précipice.
Tels sont des passagers, qui, rentrés dans le port,
Grace au pilote habile, ont évité la mort:
Tournent-ils vers la mer des yeux pleins d'épouvante,
Ils bénissent la main intrépide et savante,
Qui, dirigeant les bras des pâles matelots,
A triomphé des vents, des écueils et des flots.
Armons-nous donc ici d'un utile courage,
Et peignons des malheurs qui furent notre ouvrage!
 Le Français, las un jour de gémir dans ses fers,
Que sans cesse aggravaient des ministres pervers,

Partisans corrompus d'une cour abhorrée,
Élève jusqu'au trône une voix éplorée :
« Prête-nous, ô grand roi, ton auguste secours,
» Dit-il, et de nos maux termine enfin le cours !
» De la noblesse altière abaisse la puissance ;
» Du clergé dissolu réprime la licence ;
» Au magistrat vénal fais respecter les lois,
» Et du peuple avili fais respecter les droits ;
» Pour finir tant d'abus, d'excès et de désordres,
» De l'état sans tarder convoque les trois ordres ! »
Il dit, et, souscrivant aux vœux de ses sujets,
Le monarque accomplit leurs utiles projets ;
Tandis que, frémissant de terreur et de rage,
La cour, pour se venger du peuple qui l'outrage,
Et servir à la fois ses complots inhumains,
Introduit dans nos murs des bataillons germains.
Mais c'est peu, soit erreur, soit oubli, soit démence,
Des bienfaits de Cérès on prive un peuple immense ;
De Paris en un mot, sans pitié, sans remords,
Et le fer et la faim ont conspiré la mort.
Voyez de nos travaux ce compagnon rustique :
Sans relâche courbé sous un joug despotique,
Patient et docile, ignorant sa vigueur,
Long-temps il endura l'inflexible rigueur
D'un maître qui, pour prix d'un utile service,
En va faire à la mort l'avare sacrifice ;
Mais qu'il craigne, ce maître, un tragique destin,
Si son bras chancelant frappe un coup incertain !.....
Cruellement blessé l'animal plein de rage,
A qui le désespoir révèle son courage,

Par ses cris, à son tour, inspire la terreur,
Rompt ses nœuds impuissans, se relève en fureur,
S'élance, et, n'écoutant qu'un courroux légitime,
Il fait de son bourreau sa première victime :
Tel Paris en tout temps, si fidèle à son roi,
Reste d'abord glacé de surprise et d'effroi
A l'aspect menaçant du sort qu'on lui prépare;
Mais soudain, indigné d'un traitement barbare,
Ce Paris, de sa force enfin mieux informé,
Se lève tout entier, tout debout, tout armé,
Prend sa course, et volant aux Germains qu'il disperse,
Aux barrières qu'il brûle, aux prisons qu'il renverse,
Dans sa fureur aveugle il dévoue au trépas,
Quiconque ose arrêter ou retarder ses pas;
Mais bientôt il se calme, et déjà sur la France
D'un bonheur éclipsé luit encor l'espérance;
Je t'en atteste, ô nuit, chère à son souvenir,
Qui semblait lui promettre un heureux avenir!
O nuit, où des Français le sénat magnanime,
Tout à coup transporté d'une ardeur unanime,
Fit briller pour l'état un si beau dévoûment!
Mais des humains, hélas! le fol aveuglement
Change en maux tous les biens que le ciel leur accorde.
Déjà les passions, source de la discorde,
Se glissent sourdement parmi les sénateurs,
Et versent dans leur sein leurs poisons corrupteurs.
L'hydre des factions sans cesse renaissantes
Déjà lève en sifflant ses têtes menaçantes;
Ce monstre, ivre des pleurs et du sang des mortels,
Sacrilége ennemi du trône et des autels,

A Louis veut ravir et le sceptre et la vie,
Sûr de pouvoir ensuite, au gré de son envie,
Ou saisir, ou changer les rênes de l'état.
Vainement tout s'oppose à son noir attentat;
Il brave tout péril, il franchit tout obstacle;
Et l'on voit (quel affreux, quel horrible spectacle!)
Un roi, dont la bonté fut l'unique défaut,
Passer du trône aux fers, des fers à l'échafaud!
Comme un fleuve, vainqueur de sa digue impuissante,
Roule, étend à son gré son onde mugissante,
Ainsi les factieux, délivrés de leur roi,
N'admettent plus de frein, de barrière et de loi.

De ses antiques fers par leurs mains affranchie,
Paraît et règne alors l'effroyable anarchie:
Son char ensanglanté roule sur des débris;
Soudain l'on voit près d'elle accourir à grand cris,
L'audace au front d'airain, et l'infame licence
Qui provoque le crime et chasse l'innocence,
L'impiété bravant et le ciel et l'enfer,
Le despotisme armé d'un long sceptre de fer,
La sombre cruauté, de sang toujours avide;
La haine aux yeux hagards, l'envie au teint livide;
La lâche calomnie et l'aveugle fureur,
Et la rage muette et la pâle terreur.

Aussitôt, d'une voix et joyeuse et plaintive:
« Mes amis, dit le monstre à sa troupe attentive,
» Enfin après cent ans on a brisé nos fers!
» Vengeons-nous des malheurs que nous avons soufferts!
» Paris laissa périr son maître légitime,
» Il doit être, il sera ma première victime;

» Préparez mes tourmens! appelez les bourreaux!
» Volez! que tardez-vous? Apprenez qu'un héros,
» De ce peuple abhorré la gloire et l'espérance,
» Doit, hélas! pour jamais nous bannir de la France. »
    Elle dit, et soudain son cortége infernal
Du carnage demande et reçoit le signal :
A ce signal affreux, prête à laisser sa proie,
La mort lève sa faux et pousse un cri de joie;
La tendre humanité jette un cri de terreur,
La France un cri d'effroi, Paris un cri d'horreur!...
    C'en est fait! dans les murs le carnage commence;
On voit régner partout dans son enceinte immense
Des bourreaux sans pitié, des brigands sans remords :
Que de cris! que de sang! que de pleurs! que de morts!..
Le soleil effrayé, chaque jour qu'il s'éveille,
Éclaire des forfaits qu'il ignorait la veille.
On vit; oui, l'on a vu des ministres sacrés
Jusqu'au pied des autels en foule massacrés;
Le juste et le méchant, surpris d'être complices,
Par un commun arrêt condamnés aux supplices;
L'ignorance plongeant les beaux-arts au tombeau,
Et d'un pied sacrilége éteignant leur flambeau;
La chute des vertus, le triomphe des vices;
Le trépas ou l'exil, fruit des plus longs services;
Et l'ostracisme ingrat livrant des généraux
Tous couverts de lauriers au glaive des bourreaux;
La noblesse proscrite et le morne silence
Habitant les palais où brilla l'opulence;
Des cachots ténébreux l'effroyable séjour,
Que l'on ne quitte enfin que pour perdre le jour;

D'un tribunal de sang la puissance fatale
En un vaste cercueil changeant la capitale ;
L'insatiable mort multipliant sa faux,
Et promenant partout les mouvans échafauds ;
Du démon des combats les torches funéraires
Éclairant les Français pour égorger leurs frères ;
Les remparts de Lyon, ce rival de Paris,
Par cent bouches d'airain transformés en débris ;
Le Calvados en feu ; la funeste Vendée
De cadavres couverte et de sang inondée ;
Et la Loire en courroux ne roulant que des morts,
Que ses flots indignés vomissaient sur ses bords.

Tels furent tous les maux qu'au sein de leur patrie
Déchaînèrent alors des monstres eu furie :
Tous les maux ! quelle erreur ! Ah ! leurs coupables mains,
Brisant les nœuds chéris respectés des humains,
A la France ont porté des atteintes plus sûres,
Des coups plus grands, suivis de plus graves blessures.

Retraçons-nous ces temps dont l'affreux souvenir
Servira de leçons aux siècles à venir ;
Ces temps dénaturés, où les partis contraires
Divisaient les parens, les époux et les frères ;
Où des amis sans foi trahissant leurs amis,
Les livraient sans défense au glaive de Thémis ;
Où d'ingrats serviteurs dénonçaient par envie
Les maîtres qui daignaient alimenter leur vie ;
Où des fils scélérats, pour un or criminel,
Indiquaient à la mort l'asile paternel ;
Ces temps dégénérés, où lâchement serviles,
Les citoyens, captifs dans l'enceinte des villes,

Témoins silencieux de tableaux déchirans,
Environnés d'argus aux regards pénétrans,
Loin de venger leurs maux, loin de voler aux armes ,
Étouffaient leurs soupirs et dévoraient leurs larmes
En condamnant leur vie à des jours plein d'horreur ,
A des nuits qu'au sommeil disputait la terreur ;
Ces temps de barbarie, où le sein de la France,
Qu'obscurcissait partout la nuit de l'ignorance,
N'offrait au voyageur que les débris épars
Des chefs-d'œuvre fameux, enfantés par les arts ;
Tandis qu'impatiens d'étouffer, de détruire
Tous germes de talens , tous moyens de s'instruire,
Des Vandales nouveaux dévouaient sans remord ,
La science au mépris, le savant à la mort ;
Ces temps d'iniquités où forcée au silence
Thémis, quittant son glaive et gardant sa balance,
Cédait aux passions qui maîtrisaient sa voix
Le pouvoir d'élever l'édifice des lois ;
Si l'on doit cependant de ce nom vénérable
Honorer un chaos absurde, impénétrable,
D'arrêtés inhumains, de décrets insensés,
L'un par l'autre détruits, l'un sur l'autre entassés,
Qui tantôt soudoyant la coupable présence
De témoins apostés pour perdre l'innocence,
Tantôt des nations violant tous les droits,
Et provoquant l'Europe à massacrer ses rois ;
Ici, pour rassurer la sombre tyrannie,
Enchaînant la pensée, étouffant le génie ;
Là, payant les travaux du commerce indigné
Avec un vain trésor , par Plutus dédaigné ;

Ailleurs, divinisant un monstre épouvantable,
Ou livrant aux bourreaux un mortel respectable ;
Enfin, avilissant le pouvoir paternel,
Et des temples proscrits exilant l'Éternel ;
Formaient un code affreux, dont la seule lecture
Fait frémir la raison, le ciel et la nature.

Pourtant, qui le croirait ? quand le glaive assassin,
Ensanglantait la France et dépeuplait son sein,
Elle vit des Français la jeunesse guerrière
Embellir de lauriers sa naissante carrière :
O remède impuissant d'un trop affreux malheur !
Soulagement léger d'une immense douleur !
Triomphante au dehors, au dedans déchirée,
Par ses propres enfans la France est dévorée :
Semblable au mausolée élevé par l'orgueil,
Dont le marbre imposteur ne couvre qu'un cercueil ;
A ces monts tapissés de fleurs et de verdure,
Mais qu'habite un volcan dont ils sont la pâture ;
A ces fruits colorés d'une vive rougeur,
Que lentement dévore un insecte rongeur !...
Bientôt même elle offrit un plus triste modèle :
Loin d'elle s'envola la victoire infidèle ;
Las du joug des tyrans dont il veut se venger,
Le Midi sur ses bords appela l'étranger ;
Et prompts à profiter de nos guerres civiles,
Les rois déjà vaincus menacèrent nos villes :
C'était peu, de la France un plus cruel malheur
Fait accroître l'effroi, la honte et la douleur.

Cette avare cité, l'émule de Carthage,
Qui du liquide empire usurpant l'héritage,

Souveraine des mers, esclave de Plutus,
Est féconde en trésors, mais stérile en vertus;
Cette infame cité, qui, sans cesse en nos villes
Allumant les flambeaux des discordes civiles,
Tantôt fit dans la paix incendier nos ports,
Et tantôt fit vomir la peste sur nos bords;
Cette lâche cité, dont les guerriers timides,
Tranquilles sous l'abri de leurs remparts humides,
De la ruse attendant leurs plus brillans succès,
A peine aux champs de Mars attendent les Français;
Londre enfin, employant ses armes ordinaires,
Corrompit de Toulon les troupes mercenaires;
Et l'on vit un Français, par un lâche attentat,
Trahissant le devoir, et l'honneur et l'état,
Aux Anglais, par ses mains introduits dans la France,
Livrer trente vaisseaux, sa plus belle espérance.
O honte! ô trahison! ô douleurs! ô transports!
Français, souffrirez-vous les Anglais dans vos ports?
Allez, que tardez-vous? que l'on s'arme, qu'on parte!
Volez!! Toi, cependant, que fais-tu, Bonaparte?
    Le héros avait cru qu'un sénat éclairé
Saurait rendre au bonheur l'état régénéré :
Indigné qu'on mentît à sa juste espérance,
Désolé des fléaux qui dévastaient la France,
Fatigué des brigands qui profanaient le jour,
Dans une solitude il fixa son séjour.
C'était là qu'il créait la tactique savante
Qui devait à l'Europe inspirer l'épouvante ;
Là, que des nations il discutait les droits,
Et pesait dans ses mains les intérêts des rois;

Là, qu'armé du compas de la docte Uranie,
Il soumettait l'espace aux ordres du génie ;
Et là, que de l'histoire empruntant le flambeau,
Il consultait les morts dans la nuit du tombeau.
Sa valeur cependant languissait inactive,
Quand ces mots ont frappé son oreille attentive :
« Des perfides Anglais, l'odieux pavillon
» Flotte sur les vaisseaux et les murs de Toulon. »
Ces mots, qui des Français ont excité la rage,
Du héros irrité réveillent le courage :
Il s'élance, et, s'armant de la foudre de Mars,
Il vole de Toulon affranchir les remparts.
De ce siége avant tout je veux tracer l'image ;
Car son premier exploit veut mon premier hommage.
    Pour assiéger Toulon, pour le ravir aux mains
Des Anglais orgueilleux, perfides, inhumains,
La France vit bientôt marcher à pas rapides
Du Midi révolté les vainqueurs intrépides,
Et de conscrits vaillans les belliqueux renforts
Seconder à l'envi leurs généreux efforts.
Qu'ai-je dit ? quels moyens, quels efforts, quels services
Attendre de guerriers affaiblis ou novices,
Et qui n'ont que leurs bras pour forcer des remparts ,
Où cent bouches d'airain tonnent de toutes parts ?
Aussi trois mois entiers leur stérile courage
Ne peut même attaquer l'ennemi qui l'outrage :
Mais le héros paraît ; courageux et prudent,
Il prend sur les esprits un rapide ascendant :
Faut-il délibérer ? du conseil il est l'ame ;
Parle-t-il ? à sa voix tout s'émeut, tout s'enflamme ;

Combat-il ? la vieillesse a volé sur ses pas,
Et le conscrit timide a bravé le trépas ;
Aussi Napoléon, dans l'ombre et le silence,
D'un assaut général honore leur vaillance.
O toi, qui du Midi consolidas la paix,
O nuit ! pourquoi faut-il que tes voiles épais
Des Français aient caché la valeur éclatante ?
Mais non ; tu fus trompée en ta jalouse attente :
Mars éclaira si bien de ses foudres nombreux,
Et leurs brillans exploits, et ton sein ténébreux,
Que la postérité, qui lira leur victoire,
De mensonge ou d'erreur accusera l'histoire.
Qu'on se peigne en effet des prodiges nouveaux !
Des robustes guerriers, à force de travaux,
Transportent des canons au sommet de ces roches,
Dont l'aigle seul encor a tenté les approches ;
Et du poste étonnant que leur bras s'est frayé,
Ils brisent les remparts de l'Anglais effrayé,
Qui fuit sur ses vaisseaux, en pensant que la foudre
Tombe à coups redoublés pour le réduire en poudre.
    Mais voyez ces soldats, de sueur tout trempés,
Monter avec effort sur ces rocs escarpés :
Tout conspire à la fois pour lasser leur courage,
Mais en vain : ni les vents, ni la nuit, ni l'orage,
Ni le sentier qui glisse et s'enfuit sous leurs pas,
Ni le bronze qui gronde et vomit le trépas,
Ni l'acier si tranchant, ni le plomb si rapide,
Ne peuvent arrêter leur audace intrépide.
Tels jadis de Tellus les fils ambitieux
Armés pour détrôner le roi puissant des cieux,

Et s'ouvrant jusqu'à lui des routes inconnues,
Au mépris de sa foudre escaladaient les nues.
  Cependant le Français vient d'atteindre le fort;
Tout fuit à son aspect ou cède à son effort :
Il s'élance; ô surprise! ô douloureux spectacle!
Une enceinte nouvelle offre un nouvel obstacle;
Et le plomb meurtrier, qui part, siffle et fend l'air,
Arrive, tombe et frappe aussi prompt que l'éclair.
Le soldat consterné, regardant en arrière,
Allait en fugitif parcourir la carrière,
Qu'il venait à l'instant de fournir en vainqueur,
Quand la voix du héros a ranimé son cœur.
Le seul projet de fuir et l'indigne et le blesse;
Brûlant de réparer un moment de faiblesse,
Il revole au combat; mais l'ennemi lassé
Sent expirer enfin son courage glacé ;
Il cède et de l'honneur abandonnant la route
Va cacher dans Toulon sa honte et sa déroute.
La terreur dès ce jour s'empare de son cœur;
Il veut fuir, il a fui : « Volons, dit le vainqueur,
» Poursuivons, foudroyons ces cohortes sauvages,
» Dont le joug odieux a souillé nos rivages. »
Il dit, le canon gronde et frappe au sein des mers
Les Anglais dont le sang rougit les flots amers.
  Dès lors un plus haut grade honora son courage;
Mais bientôt cet honneur est suivi d'un outrage :
Oubliant ses exploits, outrageant la raison,
Un magistrat sur lui fait planer le soupçon ;
C'est peu : l'on veut changer son arme favorite;
De ce double attentat, justement il s'irrite ;

Pour les murs de Byzance il demande à partir ;
Mais le ciel bienfesant n'y veut pas consentir.
De deux partis rivaux quand Paris fut victime,
Bonaparte obéit au pouvoir légitime :
Il sut à la prudence allier la vigueur,
Et finir en un jour, sans user de rigueur,
Des débats éternels, qui pouvaient dans nos villes,
Alimenter le feu des discordes civiles :
C'est ainsi qu'un héros tient souvent dans ses mains
La gloire des états et le sort des humains.
    De l'Italie enfin, il commande l'armée ;
Mais comment s'offre-t-elle à sa vue alarmée ?
Entourés, assaillis d'Autrichiens nombreux,
Et campés sur des rocs, ses soldats malheureux
Périssaient de besoin, et leur bravoure oisive
Languissait, condamnée à l'humble défensive.
Ce spectacle affligeant, loin d'abattre son cœur,
Enflamme son audace et double sa vigueur :
Sur les hauteurs de Gêne, aux champs de l'Italie,
Il s'élève, il descend, partout se multiplie ;
Et ses nouveaux guerriers, oubliant leur malheur,
Ont déjà de leur chef secondé la valeur.
Sous leurs drapeaux vaincus, ô changement étrange !
La victoire déjà reparaît et se range :
Bientôt Napoléon, dont elle suit les pas,
Cueille autant de lauriers qu'il livre de combats ;
Et poursuivant au loin sa conquête hardie,
Il traverse en vainqueur la vaste Lombardie.
De l'empereur en vain trois vaillans généraux
Prétendent tour à tour arrêter le héros :

Tantôt par une marche, ou forcée ou savante,
Aux cœurs de leurs soldats, il jette l'épouvante;
Tantôt par son esprit sont détruits ou déçus
Leurs plus brillans projets, leurs plans les mieux conçus :
Il commande : aussitôt son armée intrépide
Franchit les eaux d'un fleuve, ou profond, ou rapide;
Elle emporte des ponts et force des remparts
Que l'airain foudroyant défend de toutes parts :
A la voix du héros, les cités les plus fortes,
Pour conserver leurs murs, lui font ouvrir leurs portes;
Et déjà les châteaux, et les tours et les forts
Préviennent à l'envi ses belliqueux efforts.
Il paraît et tout tremble; il attaque et tout plie;
A son pays enfin il soumet l'Italie,
Dont les différens chefs, consternés et surpris,
Ont vu les défenseurs morts, ou vaincus, ou pris.

Pour conquérir la paix, nécessaire à la France,
Le seul but du héros, et sa seule espérance,
Il marche droit à Vienne, et déjà l'empereur
Sur son trône superbe a connu la terreur.
Il demande la paix : Bonaparte l'accorde;
Chez deux peuples rivaux rétablit la concorde,
Et revient dans Paris, où l'on vit tous les cœurs,
Célébrer le retour du plus grand des vainqueurs.

Le héros dès long-temps mûrissait dans sa tête
Le plan vaste et hardi d'une utile conquête :
Sûr, que s'il peut du Nil asservir tous les bords,
Il peut en se frayant, à partir de ses ports,
Une route vers l'Inde et plus courte et plus sûre,
Faire au commerce anglais la plus grave blessure;

Il rassemble à Toulon, des savans, des guerriers;
Aux uns promet de l'or, aux autres des lauriers ;
S'embarque, investit Malte, et vient enfin descendre
Près des murs glorieux que bâtit Alexandre.
Alors, renouvelant le cours de ses exploits,
A la ville conquise il impose des lois,
Y rétablit le calme : et volant jusqu'au Caire,
Aux pieds de ses remparts il transporte la guerre.
Qui pourra des Français peindre ici les malheurs?
Ils marchent accablés sous le poids des chaleurs:
La dévorante soif, de sa main desséchée,
A leur palais brûlant tient leur langue attachée;
Sur des monceaux de blé, qu'ils possèdent en vain,
Ils connaissent, hélas! les tourmens de la faim:
Tel, mais plus justement, pour lui-même barbare,
Assis près d'un tas d'or languit un vil avare.
Dans d'horribles déserts, sans espoir, sans secours,
De leurs jours ils voyaient se terminer le cours,
Quand le Nil à leurs yeux, ravis de ce spectacle,
Apparaît : aussitôt franchissant tout obstacle,
Et dans le sein des flots se jetant tout armés,
Ils étanchent la soif dont ils sont consumés.
  Bientôt le Mameluck, jusqu'alors intrépide,
Arrête le héros dans sa course rapide;
Mais les Français sur lui, s'élançant en fureur,
Dans ses rangs à tel point ont jeté la terreur,
Qu'uniquement jaloux de s'échapper plus vite,
Vers le Nil il s'enfuit, l'atteint, s'y précipite,
Se sauvant de la peur dans le sein du trépas.
Contre le Caire alors, il s'avance à grands pas:

Le Caire, sans appui, sans chef, sans espérance,
Implore la pitié du héros de la France.
Dérobant les vaincus au courroux des vainqueurs,
Des habitants surpris il gagne tous les cœurs :
Il fait plus ; respectant leurs antiques usages,
Pour réformer leurs lois, il consulte leurs sages ;
Dans des arts, des métiers, à leurs yeux tout nouveaux,
Il exerce leurs bras et guide leurs travaux ;
Et les met à l'abri des embûches perfides,
Que souvent leur tendaient les Arabes avides.
Les Mamelucks soumis, des Turcs il triompha ;
En dépit des Anglais, il réduisit Jaffa ;
Jaffa, témoin d'un fait que déjà la peinture,
A pris soin de transmettre à la race future.
Maître enfin de Caffa, vainqueur au mont Thabor,
Sous ses coups Saint-Jean-d'Acre allait tomber encor,
Quand soudain il apprend, au fond de la Syrie,
Que la flotte des Turcs menace Alexandrie ;
Bonaparte aussitôt s'empresse de partir,
Vole, arrive, triomphe, et reprend Aboukir.
Sans doute, en achevant sa brillante carrière,
Il aurait sous ses lois rangé l'Égypte entière ;
Mais un autre intérêt, plus puissant sur son cœur,
Dans sa course arrêta le généreux vainqueur :
La France l'implorait ; à cette voix chérie,
Il a quitté l'Égypte et revu sa patrie :
S'indignant à l'aspect de son nouveau danger,
De tous ses ennemis il prétend la venger.

CHANT II.

LE PRÉSENT.

De toutes les vertus, ô compagne fidèle !
De l'éternel lui-même, ô substance immortelle !
De sa main bienfesante, ô céleste présent !
Toi, qui par le passé, devines le présent ;
Toi, qui fais aux humains estimer la sagesse
Par delà les honneurs, la gloire et la richesse ;
Toi, qu'avec la valeur, même au sein des combats,
On voit de mon héros, suivre et régler les pas ;
De ce siècle naissant, plein de ses faits illustres,
Raison, viens à mes yeux dérouler les trois lustres !
Surtout ne permets pas qu'un récit imposteur
De tes récits naïfs altère la candeur :
Mais pardonne, si j'ose, emporté par ma verve,
Dans son rapide essor accompagner Minerve !
Qui pourrait en esclave obéir à tes lois,
Quand de Napoléon il chante les exploits ?
Et d'ailleurs des beaux-arts la brillante déesse
Représentait aussi la guerre et la sagesse.
Dis d'abord, dis comment de sa patrie en pleurs
Le héros termina la honte et les malheurs !
   Le vaisseau de l'état, battu par les orages,
Errant sur une mer trop féconde en naufrages,

Triste jouet des flots, des écueils et du sort,
S'avançait lentement, égaré loin du port.
Poussé par mille bras, par mille vents contraires,
Aux pâles matelots, aux nochers téméraires,
Au passager crédule embarqué sur leurs pas,
Sans cesse il présentait l'image du trépas.

Pour frapper, engloutir leurs tremblantes victimes,
La foudre ouvre la nue, et la mer ses abîmes;
Qui pourra les sauver de ce péril affreux?
Qui pourra les sauver? Dieu qui veille sur eux!
Dieu commande; et soudain aux lueurs des tempêtes,
On voit en frémissant la foudre sur leurs têtes,
L'abîme sous leurs pieds, Bonaparte au milieu.
Guidé par sa valeur, protégé par son dieu,
Il s'élance; opposant l'égide du courage
A la fureur de l'onde, aux foudres de l'orage,
Aux poignards de la haine, à la faux du trépas;
Et refermant l'abîme entr'ouvert sous ses pas,
Il parle: et la mort fuit, les factions se taisent;
Et le vaisseau glissant sur les flots qui s'apaisent,
Noble vainqueur des mers, des écueils et du sort,
Majestueusement est rentré dans le port.

Le Français respira; le pouvoir consulaire
Des bienfaits du héros fut le digne salaire.
Prêt à recommencer ses belliqueux travaux,
Il honora son cœur par deux bienfaits nouveaux;
Étouffant les partis et leur haine fatale,
Il rendit à la paix la France occidentale;
Et le triste émigré dont il changea le sort,
Put revoir son pays, sans redouter la mort.

L'Autriche, par un crime achetant la victoire,
Déroba l'Italie au faible directoire.
Le héros pour céler sa marche et son projet,
Du hideux mont Bernard affronte le trajet.
Ma main frémit d'horreur en traçant la peinture
De cet affreux géant, l'effroi de la nature.
Son front audacieux, fier monarque des airs,
Règne éternellement sur d'immenses déserts;
Digne émule d'Atlas, sur ses vastes épaules,
Il semblerait du ciel soutenir les deux pôles;
Entre ses bras glacés reposent les hivers;
Et ses flancs caverneux, de neige tout couverts,
Sont depuis dix mille ans sillonnés par la foudre
Qui tente, mais en vain, de les réduire en poudre;
Son dos voûté présente aux regards effrayés
Des abîmes sans fond que les temps ont frayés;
Dans son sein ténébreux, qui se gonfle et qui gronde,
Des torrens l'on entend sourdement mugir l'onde;
Et ses pieds, où jamais ne pénétra le jour,
De l'éternelle nuit semble le noir séjour:
Le héros le franchit; sa courageuse armée,
Par sa voix et surtout par l'exemple animée,
Le suit, et du géant surmontant les frimas,
De l'heureuse Italie a revu les climats.
Quand l'aigle au vol altier, d'un rocher solitaire
Pour assouvir sa faim, s'élance vers la terre,
Et quand le noir torrent au cours impétueux
Roule de roc en roc ses flots tumultueux,
L'aigle est moins courageux, le torrent moins rapide,
Que ne l'est le consul aussi prompt qu'intrépide,

Lorsque du Saint-Bernard descendant à grands pas,
Chez les Autrichiens il porte le trépas.
L'effroi qui tient d'abord leur valeur enchainée,
Les fait tous ressembler aux soldats de Phinée
Apercevant Méduse et ses affreux serpens.
Leur stupeur cesse enfin ; déjà même en suspens
La victoire tenant la palme d'Idumée,
Laissait errer son char de l'une à l'autre armée :
Napoléon paraît ; là, la palme est à lui ;
Glorieux Marengo, ton jour brillant a lui :
Mais le cyprès couvrit tes lauriers de son ombre.
    Plus forts par la valeur, plus faibles par le nombre,
Sous un chef qu'a toujours couronné le succès,
Sur les Autrichiens s'élancent les Français.
Tels qu'on voit combattant pour un gras pâturage,
Rois de troupeaux nombreux et rivaux en courage,
Fièrement se heurter deux taureaux mugissans ;
Tels on voit se heurter ces deux peuples puissans.
Sous leurs coups redoublés leur armure étincelle ;
Et la terre à longs traits boit leur sang qui ruisselle :
Le bronze au loin vomit des globes meurtriers,
Qui sèment la terreur dans les rangs des guerriers.
L'Éternel prend alors sa divine balance ;
Il prononce : à sa voix, la victoire en silence
S'éloigne du héros, mais d'un coup d'œil adroit
A ses yeux attentifs montre un passage étroit :
Aussi, loin de braver dans ses projets sinistres,
Ces globes de la mort, innombrables ministres,
Il cède pour courir à de nouveaux lauriers,
Il cède, en tenant tête aux plus hardis guerriers.

Ses soldats, que sa voix, que son exemple anime,
Lui font tous de leur corps un rempart magnanime,
Et préfèrent l'honneur d'un trépas glorieux
A l'affront de plier ou de fuir à ses yeux.
C'est alors que l'on vit la garde consulaire
Prêter à sa retraite un appui tutélaire :
Ses quatre rangs divers, tous égaux en tous sens,
Lassent des ennemis les efforts menaçans ;
Ses immobiles flancs, son front inaltérable,
Offrant du dur granit la masse impénétrable,
Affrontent, et l'acier, et le bronze et le fer,
Qu'en instrument de mort a transformé l'enfer.

Cependant le consul du défilé s'empare ;
Soudain à l'attaquer, l'ennemi se prépare,
Et trois fois il l'attaque; inutiles efforts !
Conduisant aux héros deux belliqueux renforts,
La victoire paraît ; et frémissant de rage,
Lassés du long combat que soutint leur courage,
Les fiers Autrichiens vaincus et fugitifs,
Ou reçoivent la mort, ou demeurent captifs.

La guerre est de nouveau suspendue, et la France
D'une paix fortunée a conçu l'espérance,
L'Angleterre l'apprend et pâlit de terreur ;
Ses cruels léopards rugissent de fureur ;
Deux fois armant des mains perfides et vénales,
D'homicides poignards, de foudres infernales,
Elle veut au consul porter des coups certains :
Un génie a deux fois veillé sur ses destins ;
Il le sauve : et volant vers la France en alarmes :
« Pour tarir à jamais la source de vos larmes,

» Lui dit-il, du consul agrandissez les droits :
» C'est aux rois qu'il convient de combattre les rois.
» Il est temps d'abroger le pouvoir consulaire,
» Ce triste et dernier fruit de l'état populaire,
» Dont l'image est un char qui roule sur un mont
» Environné partout d'un abîme sans fond.
» Le plus habile en vain, ou le plus intrépide,
» S'opposerait de front à sa course rapide ;
» Pour régler des chevaux le zèle trop ardent,
» Il faut un écuyer rare, actif et prudent,
» Qui dans le char s'élance, et saisissant les rênes,
» Soumette les coursiers à ses lois souveraines,
» La seule audace impose aux cœurs audacieux. »
Il dit, prend son essor, et se perd dans les cieux.
    La France qui comprend cette éloquente image,
Fait assembler sa cour ; et là, pour rendre hommage
Aux plus rares vertus, aux plus brillans succès,
Déclare Bonaparte, empereur des Français.
Napoléon à peine est maître de l'empire
Qu'il propose la paix, où son grand cœur aspire ;
Mais l'Autriche du Russe appelant le secours,
Des combats suspendus veut reprendre le cours,
Ou plutôt veut ouvrir une nouvelle source
Aux exploits du héros que je suis dans sa course,
Mais dois-je de sa gloire entassant les rayons,
En confier l'ensemble à mes humbles crayons ?
Pour ce héros, plus grand et qu'Énée et qu'Achille,
Il faut être à la fois plus qu'Homère et Virgile,
La renommée encor me devrait à la fois
Prêter et sa trompette, et ses yeux, et sa voix.

Je dois donc imiter l'abeille industrieuse,
Qui, loin de parcourir d'une aile ambitieuse
Chaque fleur d'un jardin et tout dans chaque fleur,
En choisit à son gré le suc et la couleur.
Mais, pour mieux dévoiler la source d'une guerre,
Dont les motifs secrets sont cachés au vulgaire,
A des temps plus anciens il me faut remonter,
En percer le chaos, et d'abord raconter
Quels nœuds ont pu jadis unir au Russe avide
Le belliqueux Sarmate et le Germain perfide.
  Las autant qu'indignés de disputer entre eux
Les dons d'un sol ingrat et d'un ciel rigoureux,
Et ressaisissant tous leurs lances, leurs épées,
Qu'aux sang des ennemis souvent ils ont trempées,
Les fiers enfans du Nord désertent leurs frimas,
Et couvrent du Midi les fertiles climats.
Près du Tibre, assemblant leurs légions avares,
Les Lombards indomptés, les Sarmates barbares,
Les Huns, aux longs cheveux tressés en longs serpens,
Paraissent; et changés en esclaves rampans,
Tous les rois d'Italie et leurs soldats novices,
Amollis par la paix, énervés par les vices,
Leur apportent de l'or et reçoivent des fers;
Tandis que des Germains les bataillons divers,
Conduits par la fureur, séduits par l'espérance,
Précipitent leurs pas aux portes de la France.
Vain espoir! fureur vaine! ambitieux guerriers,
Vous trouvez des cyprès en cherchant des lauriers;
Et déjà votre sang, vos cadavres livides,
Engraissent nos sillons et les vautours avides.

Tels furent les destins de ces fiers ennemis,
Que de ses flancs glacés le Nord avait vomis.
Ainsi quand un grand fleuve, usurpant ses rivages,
Et sur des champs lointains étendant ses ravages,
Attaque, arrache, entraîne et roule dispersés
Des arbres abattus et des murs renversés,
Un vaste roc, assis sur sa base profonde,
N'oppose que sa masse à tout l'effort de l'onde.

La renommée à peine annonçait aux humains
Le combat si fatal aux avides Germains,
Qu'un long cri consolant leurs ombres éplorées,
A retenti du Tibre aux mers hyperborées;
De rage et de douleur le Saxon a frémi,
Le Hun a frisonné, le Sarmate a gémi,
Et, surpris et honteux de connaître les larmes,
Le féroce Lombard a pleuré sur ses armes;
Mais, bientôt orgueilleux de leurs premiers succès,
Ils jurent en fureur la perte des Français;
C'est peu : la trahison, le meurtre, le parjure,
Rien ne leur coûte alors pour venger leur injure;
Rien ne leur réussit; leurs attentats divers
N'ont pour fruit que de longs, que de justes revers,
Et le dernier soldat de ces hordes sauvages,
De son sang eût rougi nos champs ou nos rivages,
Si leurs maîtres en proie à des remords tardifs,
N'en cussent pas sauvé les débris fugitifs.

Le temps n'a pu changer leurs affreux caractères :
Des mœurs de leurs aïeux leurs cœurs héréditaires
Par des crimes pareils se signalent encor;
C'est encor, c'est toujours la même soif de l'or;

La même cruauté suit encor leur passage ;
Et leurs rois, d'un héros aussi brave que sage,
Voudraient humilier la gloire et la valeur,
Et descendre son trône aussi bas que le leur :
Cependant, répondez : A quoi tendent ses armes ?
A conquérir la paix, à terminer nos larmes ;
Mais vous n'écoutez point mon discours suppliant :
Eh bien ! écoutez donc ce langage effrayant :
« Arrêtez, rois cruels et guerriers téméraires !
» Vos pères, vos parens, vos amis et vos frères,
» Par le Français vainqueur autréfois immolés,
» Dorment silencieux aux champs que vous foulez ;
» Mais la terre à ma voix s'entr'ouvre, et les ténèbres
» Enveloppent le jour dans leurs crèpes funèbres :
» Du fond de leurs tombeaux, dans les airs sont montés
» Des cris sourds et plaintifs, par l'écho répétés,
» Qui s'exhalent vers vous en ces mots funéraires :
» Arrètez, rois cruels et guerriers téméraires ! ! »
Ils se sont arrêtés ; mais déjà leur fureur
De leurs cœurs indignés a banni la terreur ;
Déjà même, déjà la garde d'Alexandre
De ses braves aïeux prétend venger la cendre.
L'empereur à son choc oppose ses guerriers
Qui, nourris dans les camps et couverts de lauriers,
Par mille exploits fameux qui semblaient impossibles,
Ont acquis et reçu le surnom d'invincibles.
Ils volent, et déjà, terrassant leurs rivaux,
Ils confirment leur nom par mille exploits nouveaux.
Tous ces héros du Nord, si célèbres naguères,
Ne sont plus devant eux que des soldats vulgaires :

Ils tombent; et le Russe effrayé de leur sort
Est heureux que la paix le dérobe à la mort.
  Le héros, dans ce court et propice intervalle,
Veut, et venger la France, et punir sa rivale.
Boulogne est désigné pour ses vastes projets :
Rassemblant dans son port ses fidèles sujets,
Il commande, et jaloux de servir leur patrie,
Rivaux d'activité, de force et d'industrie,
Commandant et soldats, pilote et matelots,
Aux yeux de l'empereur, sur la terre et les flots,
Instruits et dirigés par des maîtres habiles,
Construisent, et des tours, et des châteaux mobiles
Dont le sein est peuplé de guerriers valeureux
Qui n'attendent du ciel que des vents plus heureux,
Pour laver dans le sang d'un ennemi parjuré
Les forfaits d'Albion et leur cruelle injure.
En courage, en vigueur, les cyclopes rivaux
Étaient moins ardens qu'eux, moins prompts dans leurs travaux
Quand ils forgeaient la foudre aux antres de Sicile,
D'une main à la fois, et robuste, et docile,
Aux ordres souverains du roi puissant des dieux,
Qu'assiégeaient de Tellus les enfans odieux.
  Boulogne entier présente un arsenal immense
Aux yeux épouvantés de l'Anglais, qui commence
A craindre le destin de l'antique Ilion,
Moins criminelle encor que l'infame Albion.
Comme un lâche brigand, trahi par son complice,
Poursuivi de remords et fuyant le supplice
Qui lui semble toujours près d'atteindre ses pas,
Croit entendre et croit voir l'arrêt de son trépas

Prononcé par un mot, écrit sur le visage
Du premier voyageur qui s'offre à son passage.
Telle Albion, qui veille au sommet de ses tours,
Que rongent les remords comme autant de vautours,
Prend tout vaisseau qui s'offre à sa vue alarmée
Pour une escadre prête à vomir une armée
Avide de porter dans son coupable sein,
La flamme dévorante et le fer assassin.
    « Eh quoi ! dit-elle alors, n'est-il plus d'espérance ?
» Et ne puis-je échapper au vengeur de la France ?
» Ou du moins pour un temps écarter de mes bords
» Cet armement fatal, la terreur de mes ports ?
» Oui, sans doute, à la force opposons l'artifice
» Et fesons un cruel et dernier sacrifice.
» Le Russe et le Germain se battent pour de l'or :
» J'ai pu les acheter, achetons-les encor.
» Que sur Napoléon leurs phalanges banales
» Dirigent les efforts de leurs armes vénales ;
» Que sans cesse, et partout, d'avides assaillans
» S'arrachent les lambeaux de ses états sanglans !
» Que le Français altier, cet objet de ma haine,
» Ne trouve que l'opprobre, ou la mort, ou la chaîne !
» Que l'Europe se couvre, et de sang, et de deuil !
» Qu'elle descende enfin tout entière au cercueil !
» Avant que je permette à l'aveugle fortune
» D'arracher de mes mains le sceptre de Neptune ! »
Elle parle, elle agit, et le Nord est armé.
    De cet affreux complot l'empereur informé
S'arme, et par une marche, et rapide, et savante,
Il vole aux ennemis qu'il glace d'épouvante,

Les coupe ; et le Germain, du Germain séparé,
N'offre plus à son bras qu'un triomphe assuré.
Devant lui tout succombe ou s'enfuit plein de rage,
Le Danube ose seul arrêter son courage
Devant Ulm, de l'Autriche unique boulevard,
Qu'à la fois défendaient et la nature, et l'art,
Et cent mille guerriers dont les fières cohortes
Veillaient sur ses remparts, dans ses murs, à ses portes.
Obstacles impuissans ! le soldat s'est frayé
Un chemin glorieux sur le fleuve effrayé ;
Il fond sur les Germains qu'il terrasse ou disperse,
Il gravit des hauteurs d'où son bras les renverse :
La terreur suit, précède, accompagne ses pas ;
L'ennemi prend la fuite ou reçoit le trépas ;
Mais par vingt bataillons la ville est défendue ;
Napoléon paraît : la ville s'est rendue,
Et déjà l'empereur, avare des instans,
Jusqu'à Vienne poursuit ses exploits éclatans.

Cependant ces guerriers, dont la horde sauvage
Devait partout vomir le meurtre et l'esclavage,
Ont combattu souvent nos vaillans généraux,
Qui toujours ont vaincu leurs plus fameux héros.
Indigné de leur sort, Alexandre leur jure
Que le sang des Français lavera leur injure ;
Doux espoir qu'un héros doit un jour rendre vain !
Le héros et ce jour sont arrivés enfin.

L'aurore en se levant éclaire trois armées,
Aux plaines d'Austerlitz en batailles formées,
Et tenant suspendus dans leurs vaillantes mains
Les destins des Français, des Russes, des Germains ;

5.

Mais aux plans du héros la sagesse préside;
Mais au cœur des Français la bravoure réside;
Et le Russe enivré d'une aveugle fureur,
Obéit à des chefs aveuglés par l'erreur.
Soudain du haut des airs, sur l'une et l'autre armée,
Secouant les brandons de sa torche enflammée,
Le génie infernal, qui préside aux combats,
Dirige des guerriers la valeur et les pas.
Près du monstre appuyé sur ses ailes sanglantes
La victoire, agitant ses deux ailes brillantes,
Étale dans ses mains la palme et les lauriers;
Et, prête à moissonner un essaim de guerriers,
La mort, l'affreuse mort, ce fantôme livide,
Déjà lève sa faux de sang toujours avide.
  A peine la victoire a revu le héros,
Ses soldats courageux, ses vaillans généraux,
Qu'à leurs pas attaché esclave volontaire,
Elle a tressé pour eux son laurier tributaire.
Mais la mort, ce tyran inflexible et sans yeux,
Veut exercer sans frein, son empire odieux.
Du monarque aussitôt le conseil et le guide,
La sagesse, à sa faux opposant son égide,
La repousse; la mort jette un cri de terreur,
Sur le Russe effrayé se retourne en fureur;
Soit de près, soit de loin, qu'il résiste ou qu'il plie,
Pour l'atteindre partout, partout se multiplie;
Et joyeuse, en son sang à grand flots répandu,
Se console du sang à la faux défendu.
  Bellone, qu'en tout lieu de la plaine on exile,
Sur un étang glacé cherche et trouve un asile.

Là résistaient encor des Russes en fureur :
Napoléon accourt ; il commande, ô terreur !
Le canon en grondant, de sa bouche enflammée
Lance à travers les flots d'une épaisse fumée
Cent globes qui, brisant l'enveloppe des eaux,
De vingt mille guerriers ont creusé les tombeaux !
La mort, à cet aspect poussant un cri de joie,
Se plonge dans le lac pour dévorer sa proie.

A ce tableau sanglant, les souverains du Nord
Ont connu la pitié, la crainte et le remord.
Ils demandent la paix ; oubliant leurs injures,
Et s'exposant peut-être à de nouveaux parjures,
Napoléon, modeste et généreux vainqueur,
Souscrit à leur désir, seul désir de son cœur.

Au sein de cette paix courte, et vaine et précaire,
Nos ennemis bientôt alimentent la guerre :
Le Russe, qui du Nord assiége les palais,
A ces rois abusés promet tout ; et l'Anglais,
Qni vend à des bourreaux, arrache à des victimes
Des crimes et de l'or, pour de l'or et des crimes,
Aux ministres des rois prodigue à pleines mains
Ce métal qui corrompt les avides humains.

Le Sarmate, oubliant les plaines de Champagne,
Et trahi par le Slave, ouvre seul la campagne.
On dirait, à l'aspect de l'immense terrain
Qu'enferment dans leurs rangs les bataillons d'airain,
Que dans Iéna seul appelés par les Russes,
Les Prussiens ont tous abandonnés la Prusse.
Ces guerriers, il est vrai, sont dignes des soldats
Avec qui Frédéric agrandit ses états ;

D'une égale valeur ils ressentent la flamme;
Mais de ce vaste corps Frédéric était l'ame.
Une femme aujourd'hui, des chefs encore enfans,
Guident ces bataillons autrefois triomphans.
Reine, où tend cette audace à combattre empressés?
Vénus par Diomède aux combats fut blessée.
Ah! plutôt, abjurant vos belliqueux projets,
Régnez dans votre cour sur vos nombreux sujets!
Et quand la guerre ici va semer les alarmes,
Allégez leurs malheurs et tarissez les larmes!
Et vous, retenez bien, novices généraux,
Que la seule valeur ne fait pas le héros,
Et que Napoléon est le seul dans l'histoire,
Qu'on ait vu presque enfant instruit par la victoire!
Pour vous sous de tels chefs, ô crédules guerriers,
Pouvez-vous à vos fronts promettre des lauriers?
Mais qu'ai-je vu soudain? sur un nuage sombre
De Frédéric-le-Grand j'aperçois planer l'ombre:
Dans ses traits indignés respire le courroux;
Il parle, et ces accens sont descendus vers nous;
« En croirai-je mes yeux? oubliant mes injures,
» Le Sarmate s'allie à des peuples parjures,
» Et combat en ce jour, pour soutenir leurs droits,
» Le peuple le plus brave et le plus grand des rois!
» Mais, où sont, répondez, trop aveugles Sarmates,
» Vos perfides Germains, vos Russes automates?
» Et pourquoi n'ont-ils pas dans les champs meurtriers
» Uni leurs étendards à ceux de vos guerriers?
» Que vous pénétrez mal dans leur ame odieuse!
» Tremblez en apprenant leur trame insidieuse!

» Sûrs que votre courage avide de combats,
» Au devant des Français entraînera vos pas,
» Prodigues de vos jours et de leur sang avares,
» Ils veulent aujourd'hui, les lâches, les barbares !
» Si vous êtes vainqueurs, partager vos succès;
» Si vous êtes vaincus, tomber sur les Français,
» Et cueillir des lauriers payés de votre vie.
» Ce n'est que pour tromper leur criminelle envie,
» Que vers vous Frédéric est descendu des cieux.
» L'Éternel me permet de dessiller vos yeux :
» Voyez Napoléon que la gloire environne !
» A son front la victoire attache une couronne :
» Instruit par la sagesse, il enchaîne à ses plans
» Les bornes de l'espace et les ailes du temps :
» L'ange exterminateur tient son glaive sinistre,
» Des vengeances de Dieu, redoutable ministre;
» Il accourt... C'en est trop pour mon cœur paternel !»
Il dit, pleure, et s'envole au sein de l'Éternel.
Le Sarmate à ces mots et frémit et balance;
Dans la double terreur qui glace sa vaillance,
Il craint ses ennemis guidés par l'empereur,
Et craint ses généraux égarés par l'erreur :
Il fuit donc sans combattre, et dans sa course agile
Croit trouver à Berlin un prompt et sûr asile :
Mais le Français, rapide autant que belliqueux,
Poursuivant les vaincus, y pénètre avec eux.
Jour célèbre où le sang d'un peuple tout en larmes,
Du vainqueur généreux ne souille pas les armes,
Tu vis, environné de tous ses généraux,
Le héros rendre hommage aux mânes d'un héros,

Et du grand Frédéric le rival et l'élève,
Pour prix d'un rare exploit n'emporter que son glaive ;
Son glaive, qui bientôt d'un grand peuple escorté,
Fut au sein de Paris en triomphe porté,
Jusqu'au temple où l'on voit la vieillesse guerrière
Dans une heureuse paix achever sa carrière.
Mais déjà l'empereur, las d'un trop long séjour,
Prétend de la vengeance accélérer le jour ;
Déjà quittant Berlin, le vainqueur de la Prusse,
Le Français à grand pas s'avance vers le Russe ;
Et le Russe vaincu d'abord à Friedland,
L'est encore près d'Eylau dans un combat sanglant.
Alors cet ennemi si belliqueux naguère
Devient le plus ardent à terminer la guerre ;
Et Tilsitt voit enfin, de la France et du Nord,
Trois souverains puissans régler entre eux le sort,
Et rappeler la paix trop long-temps fugitive,
Qui trois ans consola l'humanité plaintive.

Pour nous faire oublier la guerre et ses forfaits,
La paix nous prodigua ses dons et ses bienfaits ;
Mais son plus doux bienfait, de ses dons le plus riche,
Sans doute pour la France est Louise d'Autriche.
Son front peint la candeur jointe à la dignité ;
Elle fait sur son trône asseoir l'humanité :
Des vertus sur la terre offrant le vrai modèle,
De la divinité c'est l'image fidèle ;
Et quand son noble époux fait respecter ses lois
A l'Europe qui tremble au bruit de ses exploits,
Elle est l'appui du pauvre, et, lui servant de mère,
Calme sa faim cruelle et sa douleur amère ;

Ainsi lorsque l'oiseau du souverain des dieux
De sa foudre en éclat fait retentir les cieux,
Sa compagne modeste, écoutant la nature,
A ses aiglons souffrans va donner la pâture.
　　Enfin il luit ce jour que l'hymen a promis,
Ce jour cher aux Français, craint de nos ennemis,
Ce jour qu'en lettres d'or la main de la victoire
Va pour jamais inscrire aux fastes de l'histoire !
Romains, levez vos fronts trop long-temps abattus !
Montrez à l'univers vos antiques vertus !
Un nouveau fils de Mars aujourd'hui vient de naître !
Romains, par vos exploits méritez un tel maître !
Et toi, Dieu tout puissant, veille du haut des cieux
Sur cet enfant chéri, sur ses jours précieux ;
Et fais qu'il puisse unir, par un destin prospère,
Le bon cœur de Louise au grand cœur de son père.
　　Qu'entends-je? des combats le génie infernal
De la guerre a donné l'effroyable signal !
Au céleste séjour déjà la paix tremblante
S'envole en revoyant sa rivale sanglante.
C'est encore vous, Anglais, dont la coupable main
Vient d'armer pour de l'or le Russe et le Germain !
Eh bien ! pour châtier votre infame avarice,
Puisqu'il faut que l'Europe ou qu'Albion périsse,
Puissent Napoléon et ses vaillans soldats,
Secondés par le vent dépeupler vos états ;
Et puisse en proie au fer, puisse à la flamme en proie,
Votre indigne Albion expirer comme Troie !
Si le vent vous dérobe à nos coups assurés,
Puissent du ciel vengeur les foudres conjurés

Faire écrouler sur vous vos murailles en poudre!
Si le ciel nous refuse et le vent et la foudre,
Puisse du moins Neptune au vaste sein des eaux
Engloutir à la fois vos coupables vaisseaux;
Et ses flots en courroux, usurpant vos rivages,
Sur vos champs, dans vos murs, exercer leurs ravages!
Et si le vent, la foudre, et Neptune, et les cieux
Dédaignent de punir vos forfaits odieux,
Puissiez-vous, repoussés de tout climat fertile,
Expirer de besoin sur votre or inutile!

    Et vous, qui, pour charger l'Europe de leurs fers,
Méprisez les sermens, la honte et les revers;
Vous, qui, leur soudoyant vos phalanges vénales,
De vos armes aidez leurs ruses infernales,
Rois, tremblez! vous allez partager leurs destins!
Quand mon héros combat, son triomphe est certain.
Mais déjà dans le ciel votre perte est écrite:
Cessons donc un discours dont votre orgueil s'irrite;
Et de Napoléon, célébrons les travaux,
Où son grand cœur en vous n'eut jamais de rivaux.

CHANT III.

❧❦❧

SUITE DU PRÉSENT.

Vit-on un conquérant, quand sa vertu guerrière
D'innombrables lauriers parsemait sa carrière,
Ou voit-on un grand roi dans le temps de la paix
Autant que mon héros prodiguer ses bienfaits?
C'est toi que j'en atteste, illustre capitale!
O cité dont le sein pompeusement étale
Mille brillans chefs-d'œuvre enfantés par les arts;
Paris, digne séjour du vainqueur des Césars,
Ville opulente, antique, industrieuse, immense,
Quel autre désormais osera sans démence
Égaler son éclat à ta vive splendeur,
Quand, jaloux d'égaler ta pompe et sa grandeur,
Le héros bienfesant dont la main te décore,
Est tout prêt chaque jour à t'embellir encore?
Que l'étranger t'admire, ému d'un saint respect;
Que l'ennemi confus se taise à ton aspect,
O superbe Paris! c'est toi qui me vis naître;
C'est toi qui m'élevas; c'est toi qui fus mon maître;
Je suis docilement ton ascendant vainqueur,
Trop heureux si, payant les dettes de mon cœur,
Mon esprit à chanter tes sublimes merveilles
Consacre ses talens, son hommage et ses veilles!

Toi, dont la voix ressemble au bruit d'un noir torrent
Qui tombe, qui retombe et roule en murmurant,
O Pindare, autrefois ta pieuse tendresse
Se plaisait à chanter les villes de la Grèce ;
Aujourd'hui dans mes vers je veux chanter Paris :
Pour séduire les cœurs, enchaîner les esprits,
Fais passer dans mon sein le feu de ton délire,
Et prête-moi tes chants, et ta verve, et ta lyre !
Mais déjà son génie embrase tous mes sens ;
Son harmonie élève, embellit mes accens ;
Mais il m'exhorte en vain, en vain il me seconde ;
En sujets variés la matière féconde
Excite mon courage et l'arrête à la fois ;
Et lorsque mille objets se disputent ma voix,
Ma bouche, dans le doute où toujours je balance,
Est réduite à garder un indigne silence.
Ainsi, privé de tout pour conserver son or,
Un avare languit auprès de son trésor :
Ainsi, pour tourmenter le malheureux Tentale,
Un arbre, en s'inclinant, à ses regards étale
Des fruits délicieux qui trahissent sa faim ;
Tandis que, vers sa bouche ouverte, mais en vain,
On voit monter sans cesse une eau claire et perfide,
Qui jamais n'étancha sa soif toujours avide.
Mais j'ai vu ce théâtre où m'attend mon début !
O Seine, la première accepte mon tribut !
Tes rivages heureux, en beautés si fertiles,
De mille monumens aussi pompeux qu'utiles,
Le grand Napoléon partout les a couverts :
Sensible à ses bienfaits, joins tes chants à mes vers,

O Nymphe! mais déjà mon ardente prière
De son sein a franchi la liquide carrière.
A ma voix, de ses flots elle suspend le cours
Et m'adresse en pleurant cet étrange discours :
« C'est en vain que ta bouche et m'étale et me vante
» Les chefs-d'œuvre nombreux que chaque jour invente
» L'inépuisable esprit d'un héros créateur :
» Va, la mienne jamais n'en bénira l'auteur,
» Puique, s'ils font ta gloire et ton plus grand délice,
» Ils font aussi ma honte et mon plus grand supplice.
» Ils sont passés ces jours où, franchissant mes bords,
» Du Louvre je pouvais te fermer les abords :
» Aujourd'hui contre moi tout s'arme et tout se range ;
» Oui, le ciel irrité par un prodige étrange
» Me suscite un vainqueur chargé de me punir,
» Un héros que partout j'entends toujours gémir,
» Un monarque qui seul va finir en cinq lustres
» Ce que n'ont pas fini cinq monarques illustres.
» Ardent à me poursuivre en guerre comme en paix,
» Il parle : on voit mes bords chargés de murs épais :
» Tous ces quais si pompeux dont sans cesse il m'assiége,
» A mes yeux attristés ne sont qu'un nouveau piége
» Pour reléguer mes flots dans mon étroit bassin ;
» Et pressant tour à tour ou resserrant mon sein,
» Chacun des nouveaux ponts que sa main me prodigue,
» Ou m'est un poids énorme, ou me tient lieu de digue ;
» L'Ourcq enfin, un ramas de mille obscurs ruisseaux,
» Ose aujourd'hui prétendre à l'empire des eaux ;
» Et tandis que l'on voit, sur ses ondes limpides,
» Au gré de son orgueil des nacelles rapides

» Promener en triomphe et les jeux et les ris,
» Mon onde languira dans un honteux mépris ;
» En dépit de mes droits il usurpe ma place ;
» En dépit de l'hiver toujours armé de glace,
» Il a fixé l'essaim des volages plaisirs ;
» Que dis-je ? l'on m'immole à ses moindres désirs :
» Déjà l'on voit partout ses nymphes inhumaines,
» Sans remords ravissant mes liquides domaines,
» En bannir sans pitié mes nymphes tout en pleurs ;
» C'en est fait ! succombant à mes justes douleurs,
» Je sens que ce dernier et trop sanglant outrage
» A lassé ma constance et vaincu mon courage. »
Qu'as-tu dit ? se peut-il que de son noir poison,
La haine ait à ce point infecté la raison ?
Que son prisme imposteur, ô nymphe de la Seine,
A ce point ait terni la plus brillante scène ?
Mais qu'ai-je désormais besoin de ton secours ?
Les objets parleront bien mieux que tes discours ;
Et je saurai sans toi, dans mon brûlant délire,
Ressaisir à mon gré mes pinceaux et ma lyre.

    Que vingt ans ont changé cet immense Paris !
Qui, long-temps appuyé sur d'antiques débris,
Rappelait aux regards ce colosse fragile
Dont le front est d'airain, dont les pieds sont d'argile !
Voulait-on autrefois pénétrer dans ses murs ?
On trouvait des chemins dégradés et peu sûrs,
Que bordaient des fossés et profonds et liquides,
Où s'enfonçaient les chars, leurs coursiers et leurs guides !
Et qui, n'offrant jamais au malheureux passant
Ou l'ombrage, ou le fruit d'un arbre bienfesant,

Tristement conduisaient à des faubourgs ignobles,
Qu'usurpaient sur Paris nos prés et nos vignobles.
Aujourd'hui l'on ne voit que de larges chemins,
Encaissés à grands frais par d'innombrables mains,
Et qui, bordés partout de nourrissans arbustes
Ou d'arbres élevés aux branches plus robustes,
Où l'heureux voyageur bénissant leur abri
Se trouve délassé, désaltéré, nourri,
Mènent vers un faubourg dont l'aspect nous étale
L'esquisse des beautés qu'offre la capitale.
   Que d'objets, aussitôt qu'on voulut l'embellir,
Il fallut transporter, il fallut démolir!
Où sont ces vieilles tours, ce Châtelet antique,
Odieux monumens d'un siècle despotique?
Ces vieux murs isolés, ordinaire séjour
Du hibou, du brigand qui détestent le jour?
Ces nombreux réservoirs, ces pompes dont l'usage
Des arches de la Seine obstruait le passage?
Ces bâtimens noircis dont les murs chancelans
Menaçaient d'écraser les citoyens tremblans?
Et ces maisons enfin, dont la seule démence
Avait pu faire asseoir l'architecture immense
Sur un pont qui, chargé d'un poids exorbitant,
Semblait prêt à s'ouvrir sous leur pâle habitant?
   N'a-t-on pas transporté hors de la capitale
Ces arts dont la puissance, utile, mais fatale,
Des gaz qu'ils enchaînaient détruisant la prison,
Infectait souvent l'air de leur subtil poison?
Des cadavres hideux l'affreuse sépulture,
Qui sans cesse outrageant Dieu, l'homme et la nature,

Du fond de leurs tombeaux et du sein des autels,
Lançait vers les vivans des miasmes mortels ?
Ce séjour de carnage, où le bœuf en furie,
Tantôt d'un bras trompé fuyait la barbarie,
Et, reveillant tantôt les craintifs habitans,
Mugissait les douleurs de ses derniers momens ?....
Mais abordons enfin ma fertile matière,
Que mon esprit à peine embrasse tout entière !
  D'un côté, tous ces ponts, ces quais majestueux,
Ces dômes éclatans, ces palais somptueux,
Monumens où l'on voit la brillante sculpture
Parer de ses travaux la docte architecture :
L'aspect du Carousel savamment réuni
A l'aspect imposant du Louvre rajeuni ;
Ce beau jardin où l'art se mêle à la nature,
La lumière à l'ombre, et l'or à la verdure ;
Où des rois, des héros, des sages renommés,
Qu'un ciseau créateur semble avoir ranimés,
Éclairés par Diane, à l'active pensée
Annoncent plus qu'aux yeux les champs de l'Élysée ;
Tout, du pont d'Austerlitz jusqu'au pont d'Iéna,
Noms fameux qu'à ces ponts la victoire assigna,
A l'œil, errant partout sans cesse et sans obstacle,
Découvre un ravissant et sublime spectacle.
Qui, formé de tableaux opposés ou divers,
N'eut jamais son égal dans ce vaste univers.
  De l'autre, parcourons cette verte ceinture
Dont Paris est orné des mains de la nature.
Ces objets, renfermés dans un riant contour,
A nos yeux attentifs offriront tour-à-tour

Ce dôme dont la sphère, à grands frais redorée,
Reflète son éclat sur la voûte azurée,
Et dont le temple entend mille vaillans guerriers,
Qui reposent en paix à l'ombre des lauriers,
Bénir tous le héros dont la main généreuse
Accorde un doux loisir à leur vieillesse heureuse :
Ces lieux où l'on imite, à l'aide des couleurs,
Le velouté des fruits et la robe des fleurs ;
Où la laine est tissue en diverses parties,
Qui bientôt, l'une à l'autre avec art assorties,
Vous peignent aussi bien que Guérin et que Gros
Les attraits de Vénus et les traits d'un héros :
Ce séjour habité par la docte Uranie,
Où veille constamment l'œil perçant du génie,
Qui, d'instrumens armé, détermine le cours,
Et de l'astre des nuits, et de l'astre des jours,
Soumet à son compas les comètes rebelles,
Et découvre les lois des planètes nouvelles :
Ce jardin qui toujours des plantes et des fleurs
Rassemble les vertus, les parfums, les couleurs ;
Resserre la nature en un étroit local ;
Emprisonne la mort dans un mince bocal,
Enfin traite et nourrit, d'après leur caractère,
Le lion, l'éléphant, et l'ours, et la panthère :
Ce canal qui, formé du liquide tribut
De ruisseaux qui coulaient et sans bruit et sans but,
Doit bientôt, remplaçant par son onde limpide
La Seine, dans ces lieux plus basse et moins rapide,
Arroser tout Paris où déjà nul égoût
N'infecte l'odorat, n'inspire le dégoût :

L'éléphant colossal, la fontaine du Temple,
Que d'un œil satisfait tout le Marais contemple;
Où la Séine autrefois n'a jamais pu monter,
Mais qu'en foule aujourd'hui, viennent alimenter
Du nouveau dieu de l'Ourcq les superbes naïades,
Dont l'eau jaillit en gerbe et retombe en cascade :
Ces nouveaux points de vue avec art ménagés,
Qui laissent découvrir aux regards prolongés,
Ici, cette colonne, où notre œil attentif
Lit nos exploits gravés sur un bronze captif;
Et là, cette terrasse, heureusement finie,
Que le goût trop long-temps réclama du génie :
Cet ancien temple enfin, vaste et majestueux,
Que la gloire attendait d'un héros glorieux.

Ces beautés, que sans cesse on voudrait voir ou lire,
Sont les seules encor qu'ait pu chanter ma lyre :
Pour célébrer ici des sujets plus touchans,
Il me faut désormais inventer d'autres chants.

C'est lui, c'est le héros dont la main secourable
D'une religion antique et vénérable
A la fois rétablit le culte solennel,
Dans ses temples rouverts fit rentrer l'Éternel;
Et, pour mieux assurer le repos de la France,
Rappela dans son sein la douce tolérance :
Lui, qui, législateur et monarque à la fois,
Brisant avec mépris l'édifice des lois,
Obscur, impénétrable, absurde labyrinthe,
Où d'un temps odieux se conservait l'empreinte,
Fit le code nouveau, durable monument,
Où brillent la clarté, l'ordre et le jugement :

Lui, dont l'activité dans ses sages mesures,
De l'empire épuisé refermant les blessures,
Propageant tous les biens, détruisant tous les maux,
De l'arbre du commerce étendit les rameaux,
Des champs encouragés ranima la culture,
Et partout féconda le sein de la nature :
Lui, qui fonda ce corps littéraire et savant,
Qu'il daigna présider, qu'il visita souvent ;
Qui fit parler encor dans de nouveaux lycées
Deux langues que la crainte avait long-temps glacées ;
Qui créa cette école où les arts dans leur sein
Nourrissent de guerriers un généreux essaim ;
Lui qui, multipliant les eaux et la lumière,
Rendit à l'air impur sa qualité première ;
Des halles exila cent poisons assassins ;
Isola nos marchés pour les rendre plus sains,
Et forma cette enceinte où la brillante Flore
Débite ses présens, éclos ou près d'éclore ;
Lui, qui fit ériger ces modernes bazars,
Précieux entrepôts des talens et des arts,
Où l'on voit rassemblés tous les trésors qu'invente,
Soit un esprit fécond, soit une main savante ;
Où l'on voit disputer à d'illustres rivaux,
On la palme ou le fruit de leurs nobles travaux ;
Lui qui, dans ces salons où brille la peinture,
Où règne à ses côtés la savante sculpture,
Du Vatican vaincu ramena dans Paris
Des tableaux renommés, des marbres d'un grand prix,
Surtout cet Apollon, l'orgueil du Capitole,
Du vrai goût, du vrai beau le modèle et l'idole :

Lui... Mais c'est peindre assez le héros, le vainqueur ;
Il est temps de montrer les vertus de son cœur.
   En guerre le soldat, qui voit en lui son père,
Ne craint que pour lui seul et dans lui seul espère :
A sa voix, ses guerriers changés en généraux,
Ses généraux vaillans transformés en héros,
N'aspirent qu'à lui plaire, et n'ont tous d'autre envie
Que de sauver ses jours aux dépens de leur vie.
Mais aussi qu'à son tour il gémit sur leur sort,
Quand au sein des combats ils rencontrent la mort !
Ce cœur que l'ennemi vit toujours inflexible,
Pour ses amis souffrans qu'il se montre sensible !
Montebello, Duroc, ah ! combien de regrets
Lui coûtent vos lauriers convertis en cyprès !
   En paix, sur le soldat l'empereur veille encore ;
Est-il jeune ? sa main de la croix le décore ;
Est-il infirme ou vieux, ou blessé ? par ses soins,
On lui sauve la vie, on veille à ses besoins ;
Est-il mort ? il élève ou son fils ou sa fille,
Et d'un or annuel il aide sa famille ;
Bienfaits qui nous font voir qu'il ne put trop payer
Quiconque à son pays se put sacrifier.
Mais loin de la restreindre à l'état militaire,
En tous lieux il étend sa bonté salutaire :
Je pourrais en citer vingt exemples touchans ;
Un seul me suffira pour embellir mes chants.
On sait que le héros aux indigens propice
De l'antique Hôtel-Dieu fit un nouvel hospice :
Pour peindre ce séjour d'un fidèle pinceau,
Un instant remontons aux jours de son berceau :

Alors tout languissait dans une nuit profonde ;
Le flambeau de la guerre éclairait seul le monde ;
Et son char destructeur, roulant de toutes parts,
Ecrasait sans pitié la famille des arts :
Dans ce siècle honteux où régnait l'ignorance,
Où les vertus en pleurs fuyaient loin de la France,
Les maires et les rois, les peuples et les grands,
Victimes ou bourreaux, esclaves ou tyrans,
Déchiraient ma patrie, et leurs mains criminelles
Souillaient du sang français leurs armes fraternelles.
Ah ! lorsque la discorde agitant son flambeau
Transformait nos climats en un vaste tombeau,
Si de l'humanité la voix plaintive et tendre
Sur la terre un instant pouvait se faire entendre,
L'homme, cédant à peine aux cris de ses remords,
Lui dressait des autels sur des monceaux de morts.

Le siècle était changé, l'hospice était le même ;
L'indigent me disait dans sa douleur extrême :
« Qui ? moi ! m'ensevelir dans cet affreux séjour !
» Moi ! par de longs tourmens hâter mon dernier jour !
» Eh ! vante moins les lieux et les temps où nous sommes ;
» Plus malheureux que toi, je connais mieux les hommes :
» Les science, les arts ont adouci les mœurs,
» Ont changé les esprits, n'ont point changé les cœurs :
» Sauvage ou policé, l'homme est toujours barbare,
» D'un titre fastueux, vainement il se pare ;
» Jusque dans ses bienfaits je lis sa cruauté ;
» Le marbre qu'on polit perd-il sa dureté ?
» Laisse-moi ! sans frémir je ne puis voir encore
» Ce séjour infernal qu'un nom divin décore ;

» Ce séjour où le riche, avide de nos pleurs,
» Trafique de nos jours et compte nos douleurs.
» Je mourrai, mais du moins à mon heure dernière,
» Ma femme, mes enfans fermeront ma paupière ;
» Je mourrai, mais tranquille et bénissant le sort
» De n'avoir en mourant à souffrir que la mort ! »
    Arrête, dis-je alors ; quelle horrible peinture !
L'homme oser à ce point outrager la nature !
Non, j'irai, je verrai, je connaîtrai ces lieux ;
Entrons : Dieu ! quel spectacle épouvante mes yeux !
La mort dans ce séjour, théâtre de sa rage,
Sous mille traits hideux répète son image !
Ici, le vieux guerrier, le vieux cultivateur,
De la faux suspendue accusant la lenteur,
Maudissent à la fois leur ingrate patrie,
Que l'un a défendue et que l'autre a nourrie :
Là, l'enfant au berceau, consumé par la faim,
Sur sa mère expirante expire ; c'est en vain
Que de ses faibles bras, que de sa bouche avide
Il presse avec effort son sein froid et livide ;
Il s'épuise ; la tombe engloutit son berceau :
Ciel ! que vois-je ? ma main sent frémir son pinceau !
Tous les maux à la fois, tous les fléaux ensemble,
Sur quatre infortunés ce lit seul les rassemble :
L'un fait gémir les airs de ses longs hurlemens,
Interprètes affreux de ses affreux tourmens ;
L'autre, écumant de rage, empoisonne sa couche
Du venin corrompu que distille sa bouche ;
Celui-ci.... Dieu ! fuyons ! mon œil épouvanté
Se refuse à l'aspect de ce lit infecté,

De ce lit, triste autel érigé par le crime,
Où la victime même immole la victime ;
Où le pauvre, épuisant tout le corroux du sort,
Ne respire, ne voit et n'entend que la mort.
   Toi, qui fondas ce temple et que ce temple outrage,
Humanité, détruis ou change ton ouvrage :
Cours vers Napoléon ! peins-lui, les yeux en pleurs,
De tant d'infortunés les cruelles douleurs !
Son grand cœur, tu le sais, est sensible à tes charmes ;
Leurs tourmens sont finis s'il voit couler tes larmes.
C'en est fait, il commande : un vaste bâtiment
S'élève ; au seul aspect d'un si beau monument,
L'Humanité triomphe et pousse un cri de joie,
Et la mort en courroux abandonne sa proie.

L'AVENIR.

   Imagination, qui lis dans l'avenir,
Comme un simple mortel lit dans son souvenir,
Qui, te frayant partout des routes inconnues,
Perçant le noir abîme ou franchissant les nues,
A ton gré nous fais voir, ou le palais des dieux,
Ou des affreux démons le séjour odieux ;
Toi, de qui la puissante et magique imposture
De tableaux opposés enrichit la nature,
Peuple le sein des nuits de fantômes divers,
Et soumets à tes lois les lois de l'univers ;
De nos illusions, ô trop féconde mère,
Source de nos erreurs, séduisante chimère,

Qui conduis les humains jusqu'au bord du tombeau
A la fausse lueur de ton douteux flambeau,
Toi, qui créas la fable, aimable enchanteresse,
Adorée autrefois des peuples de la Grèce,
Et qui, pour embellir l'austère vérité,
De ton voile brillant couvrant sa nudité,
Inventas la magie en ressources fertile,
Et le conte agréable, et l'apologue utile ;
Toi qui sais, avec art mariant les couleurs,
Et du style empruntant ou la pompe ou les fleurs,
De tes riches tableaux varier la peinture ;
Qui, tantôt de Vénus nous décris la ceinture,
Ou le char d'Apollon ou l'écharpe d'Iris,
Le triple essaim des jeux, des plaisir et des ris,
Le carquois de l'amour, les graces demi-nues,
Figurant à sa voix des danses ingénues,
Et tantôt Jupiter ébranlant tous les cieux ;
La terre s'entr'ouvrant pour se venger des dieux ;
Les Titans de l'Olympe essayant l'escalade,
Et l'Etna tout entier pesant sur Encelade ;
Le monstrueux Python, Phaéton foudroyé ;
Au vaste sein des eaux le genre humain noyé ;
Les dieux saisis d'horreur au festin de Tantale ;
Et Thyeste buvant dans la coupe fatale :
O déesse, du sort révèle-moi le cours !
J'implore ton pouvoir ; viens à ma voix, accours ;
Non telle qu'on te vit en des combats étranges,
Pour fendre les démons et décoller les anges ;
Mais telle que tu fus, quand un héros pieux
Vit d'Auguste, à tes chants, paraître les aïeux.

Tu m'exauces : je sens ton esprit prophétique,
Ton sublime délire et ton feu poétique :
C'est peu ; son bras puissant me soulève, et des airs
M'a fait déjà franchir les espaces déserts :
Je suivais en tremblant cette route inconnue ;
Enfin, sur une tour voisine de la nue
Elle me porte, et dit : « Chasse au loin la terreur ;
» Tu vois devant tes yeux ton auguste empereur :
» Reconnais là colonne immense et glorieuse
» Que naguère érigea sa main victorieuse. »
    A ces mots rassurans, à ce sublime aspect,
Je regarde, et mon front s'incline avec respect,
Enhardi par degrés, je ressens dans mon ame,
De mon premier transport le délire et la flamme :
« Suis, dit-elle aussitôt, suis l'élan de ton cœur !
» Mais reçois, pour chanter un illustre vainqueur,
» La harpe d'Ossian, harpe mélodieuse,
» Qui de Staffa charmait la grotte spacieuse,
» Qui jamais aux combats ne résonnait en vain,
» Quand Fingal conduisait les guerriers de Morven ;
» J'ai remonté pour toi ces corde détendues,
» Ces cordes que long-temps on n'a pas entendues :
» Mais quand je crois t'ouvrir le livre des destins,
» Et diriger tes chants et tes doigts incertains,
» Reste toujours fidèle à ma voix qui t'inspire
» Sans craindre qu'abusant de mon nouvel empire,
» En des éloges vains je te puisse égarer :
» En louant ton héros l'on ne peut rien outrer. »
Elle a dit ; et soudain transporté je m'écrie :
Magnanime empereur de ma noble patrie ,

Permets-moi de chanter ton illustre avenir!
　　Tes ennemis encor vont s'armer et s'unir :
Du démon des combats la fureur implacable
Va seconder encore la haine infatigable
Des souverains du Nord qu'abaisse ta grandeur,
Qu'intimide ton bras, qu'éclipse ta splendeur.
　　Mais tel qu'on voit souvent, lorsqu'au sein d'un orage
Dont les vents opposés alimentent la rage,
Des nuages errant dans les plaines des airs,
Se heurter avec bruit aux lueurs des éclairs ;
Lorsque sur un palais s'accumule la foudre,
Qui menace en grondant de le réduire en poudre ;
Lorsqu'aux bruyans éclats du tonnerre en fureur,
Le palais tout entier s'ébranle de terreur,
Lorsque la terre enfin frissonne d'épouvante,
Un conducteur armé par une main savante,
Dans la nue attaquer son rival menaçant,
Par degrés lui ravir son fluide impuissant,
Et du palais entier protecteur tutélaire,
Dans un vil amas d'eau éteindre sa colère :
Tel on voit, mais toujours, quand les antres du Nord
Vomissent de leur sein et la guerre et la mort,
Quand ses fiers souverains, qu'aveugle l'espérance,
Menacent d'envahir, de déchirer la France,
Quand l'Europe tréssaille à leurs cris de fureur,
Quand la terre frémit, notre auguste empereur
Par ses rares exploits, sa tactique savante,
Dans les camps ennemis reporter l'épouvante,
Sauver la France entière; et constamment vainqueur,
Éteindre dans leur sang la haine de leur cœur.

Mais qu'ils parlent ces rois! qu'inspire donc leur rage?
Pensent-ils désormais arrêter son courage?
N'a-t-il pas abattu leurs plus fameux remparts?
N'a-t-il pas ébranlé leurs plus forts boulevards?
N'a-t-il pas su franchir leurs fleuves si rapides,
Et fait fuir leur guerriers autrefois intrépides?
Eux-mêmes, pour servir leurs sinistres projets,
N'ont-ils pas épuisé leurs états de sujets?
N'ont-il pas vu périr, dans leurs guerres lointaines,
Leurs plus vaillans soldats, leurs plus grands capitaines?
N'ont-il pas dissipé les trésors dont vingt ans
Albion soudoya leurs lâches combattans?
De leur force, en un mot, tari toutes les sources?
Quel est donc leur espoir? quelles sont leurs ressources?
Leur espoir, leur ressource est dans la trahison
Corrompant la Bavière, égarant le Saxon,
O forfait qui toujours souillera leur histoire!
Ils nous ont un instant dérobé la victoire:
Qu'ont-ils fait, que font-ils dans un pareil danger?
Ils demandent la paix et n'osent se venger :
Et nous, nous demandons la vengeance et la guerre.
Mais quoi! loin de vanter un triomphe précaire,
Ils ont rougi de honte et pâli de terreur!
Ils savent trop, que prompte à servir l'empereur,
Jalouse d'arrêter leur marche triomphante,
La France en ce jour même à sa voix seule enfante
Des bataillons nombreux d'invincibles guerriers,
Qui vont anéantir leurs coupables lauriers.
Eh bien! purifiez une action inique,
Sachez mettre à profit votre victoire unique,

Rois du Nord, dès long-temps vos malheureux états
Regrettent vos sujets, transformés en soldats;
Les cités, les hameaux, les palais, la chaumière,
Pleurent leurs habitans ravis à la lumière;
Les épouses, les sœurs, maudissant les combats,
D'un frère ou d'un époux déplorent le trépas;
L'arbre entier du commerce, en rameau si fertile,
Se sèche et meurt privé d'un aliment utile;
Vos champs abandonnés languissent, et Cérès
Refuse ses présens à vos tristes guérêts;
L'avide commerçant, ou l'homme instruit et riche,
Fuit vos cités en flamme et vos terres en friche;
L'Europe, que la guerre, au gré de votre orgueil,
Menace de plonger dans la nuit du cercueil,
Vous prie en gémissant, et l'œil noyé de larmes,
D'abjurer votre haine et de poser vos armes;
Et l'univers gémit de vos débats affreux.
Sauvez donc, il est temps, vos états malheureux;
Pacifiez l'Europe, et consolez la terre:
Toi, sois juste une fois, trop funeste Angleterre!
De Neptune indigné brise aujourd'hui les fers,
Et rends aux nations la liberté des mers!

  O bonheur! ô transports! ô brillante journée,
Qui de tout l'univers change la destinée!
O bienfesante paix, dont les nœuds solennels
De deux cœurs ennemis font deux cœurs fraternels!
A peine le jour brille et déjà l'airain gronde;
Et déjà dans les airs, sur la terre et sur l'onde,
Tout répond à sa voix en échos prolongés.
  Pour les heureux Français que les temps sont changés!

Cet airain menaçant, terrible, sanguinaire,
Noir fléau des guerriers, fier rival du tonnerre,
Qui jadis foudroyait des bataillons épais,
Satisfait aujourd'hui de saluer la paix,
D'un globe destructeur n'arme plus ses entrailles,
Et transfuges des camps se plaît dans nos murailles.
Les jeux accompagnés des ris et des plaisirs,
Les spectacles divers préviennent les désirs
Du Français qui, joyeux par le chant et la danse,
Fête la douce paix nourri par l'abondance.
Vainement sur nos murs veut s'étendre la nuit :
Vers le sombre occident à peine le jour fuit,
Qu'aussitôt de Vesta la robe étincelante
A partout remplacé sa lumière brillante.
On dirait que Paris aurait dans un moment
Dépouillé de ses feux le vaste firmament :
Cent palais décorant et variant la scène,
Réfléchissent leurs feux dans les eaux de la Seine,
Qui croit en contemplant cet éclat radieux,
Dont l'aspect éblouit, charme et surprend les yeux,
Que Phébus, amoureux de ses grottes profondes,
Au palais de Thétis a préféré ses ondes.
    Toi, dont le glaive heureux en sceptre s'est changé,
Par ses nouveaux bienfaits ton trône protégé,
Des partis, des passions, peut braver la furie ;
Bientôt, pour assurer le sort de la patrie,
Un fils naîtra ; salut à Napoléon deux !
Formé par ton génie, il sera valeureux,
Terrible aux ennemis qu'a terrassés son père ;
Ton bras à son grand cœur n'a laissé rien à faire,

Père de ses sujets, et gardien de la paix,
Son nom sera glorieux par de nouveaux bienfaits,
Et par vous, le soleil suivant sa course immense,
Ne verra rien de beau, de grand comme la France.

1817.

Je chantais le héros commandant aux destins ;
Le sort du monde entier dépendait de ses mains ;
Les rois à sa merci devaient tous leur couronne :
Cortége de vassaux humbles près de son trône,
Ils attendaient de lui, courtisans assidus,
Des mots qu'ils transformaient en ordres absolus ;
Un enfant, roi chanté par l'Europe et la France,
Grandissait, héritier de gloire et de puissance.
Sur ce trône si fort un orage a passé,
La gloire a survécu, le reste est renversé.
Paris rêva la paix, il trouva l'esclavage.
Le héros, prisonnier sur un lointain rivage,
Meurt chaque jour (du moins vous calmez ses ennuis ;
Honneur à vous, Bertrand, Montholon !) et son fils,
A la cour de François, séparé de la France,
Désapprend les destins promis à sa naissance.

FIN.

NOTES.

Page 45, vers 11 et 12.

Et la Loire en courroux ne roulant que des morts
Que ses flots indignés vomissaient sur ses bords.

Quelques mots d'histoire prouveront que le poète n'a pas été trop loin : « Carrier fit fusiller un escadron de Vendéens qui s'étaient rendus sur la foi d'un armistice solennellement proclamé. Il fit condamner à mort, dans un espace de vingt jours, plus de quatre mille personnes. Un grand nombre de détenus périrent sans jugement. On attachait nus un jeune homme et une jeune fille, et on les jetait dans la Loire ; ce monstre appelait ces exécutions des mariages républicains, et ils furent nombreux. On noyait même des femmes enceintes. Ce représentant du peuple entassa plusieurs fois des hommes, des petits enfans dans des bateaux qu'au moyen de soupapes l'on submergeait au milieu du fleuve. Rendant compte d'une de ses opérations qui submergea quatre-vingt prêtres, il dit lui-même : le décret de déportation fut exécuté verticalement. La quantité de cadavres engloutis dans la Loire a été telle, et l'eau en a été infectée au point qu'une ordonnance de police en a interdit l'usage aux habitans de Nantes, interdisant aussi de manger du poisson. (Voy. *Histoire de France* de l'abbé de Montgaillard.)

Page 46, vers 13 et 14.

Des Vandales nouveaux dévouaient sans remord
La science au mépris, le savant à la mort.

Il suffit de rappeler ici les noms de Lavoisier, de Florian, d'André Chénier, de Roucher, etc.

Page 47, vers 1 et 2.

Ailleurs divinisant un monstre épouvantable,
Ou livrant aux bourreaux un mortel respectable.

Dans le premier de ces vers, chaque lecteur aura reconnu Marat conduit au Panthéon, d'où plus tard la vengeance publique le précipita dans l'égout Montmartre. Le second désigne Lamoignon de Malesherbes qui fut conduit à l'échafaud, presque octogénaire, sur la même charrette que ses enfans et petits-enfans. (Voyez l'*Histoire de la Convention*, par Ch. Lacretelle.)

Page 53, vers 14.

A son pays enfin il soumet l'Italie.

C'eût été grossir inutilement ce volume, que d'y ajouter

de longs fragmens historiques sur les lois révolutionnaires, sur le siége de Toulon et la première campagne d'Italie. Le lecteur connaît déjà sans doute sur ce sujet les pages énergiques de Montgaillard et les récits exacts des *Victoires et Conquêtes*.

Page 55, vers 25 et 26.

A cette voix chérie,
Il a quitté l'Égypte et revu sa patrie.

Napoléon, dans le *Mémorial de Sainte-Hélène*, explique de la même manière le but et l'issue de sa campagne d'Égypte. C'est l'envisager sous le point de vue le plus grand et le plus poétique. Il est vrai de dire cependant que la jalousie du directoire et les intrigues du ministre Talleyrand y eurent au moins autant de part que les hautes conceptions du héros.

Page 59, vers 4.

Les fait tous ressembler aux soldats de Phinée.

J'ai déjà expliqué dans l'introduction ma pensée sur les allégories et les comparaisons mythologiques employées par Théveneau. La comparaison qui fut l'objet de cette note est une de celles que j'aurais voulu retrancher, si je ne m'étais fait une loi de respecter l'intégrité du poème.

Page 63, vers 27.

Le temps n'a pu changer leurs affreux caractères.

Peut-être convenait-il d'exprimer ainsi, en termes plus énergiques et plus clairs, qu'il s'agit de la tendance qu'a sans cesse montrée le Nord à envahir le Midi.

Page 69, vers 8.

Se plonge dans le lac pour dévorer sa proie.

La *Vie de Napoléon* par Walter-Scott a été justement frappée de réprobation en France et même parmi ses compatriotes qui la regardent comme le moins historique de ses romans. Le récit de la bataille d'Austerlitz y est cependant traité d'une manière admirable, et nous ne pouvons nous empêcher de le recommander au lecteur.

Page 73, vers 21.

C'est encor vous, Anglais, dont la coupable main, etc.

L'opinion du poète est entièrement conforme à celle que Napoléon a développée lui-même ici dans le *Mémorial de Sainte-Hélène*.

www.ingramcontent.com/pod-product-compliance
Ingram Content Group UK Ltd.
Pitfield, Milton Keynes, MK11 3LW, UK
UKHW021745090726
13657UKWH00002B/928

9 782019 701017